www.united-pc.eu

Endlich Kind

Norbi S.

Meine ersten Jahre

Alle Menschen, die ich kenne, zeigen gerne alte Bilder oder Filme von ihrer frühen Kindheit. Wie sie als Baby aussahen und wie süß und knuffig sie waren. Sie berichten, was ihre Eltern über diese Zeit erzählt haben. Oma und Opa haben auch ihre Anekdoten und so hat jeder eine Vorstellung von seiner frühen Kindheit. Leider habe ich von meinen ersten Jahren nichts dergleichen vorzuweisen. Mich macht das traurig und oft ist mein Herz schwer. Ich habe versucht zu klären, wo ich als kleines Kind gelebt habe. Wer sind meine Eltern? Wo liegen meine Wurzeln? Ich war in unserem ganzen Land auf Spurensuche. Einiges habe ich aufklären können, doch vieles wird für immer im Dunklen bleiben. Die fehlenden Passagen in meiner Lebensgeschichte habe ich mit künstlerischer Freiheit aufgefüllt. Die erste Erinnerung, die ich habe, betrifft meine Oma. Warum ich mich so genau an diese Frau erinnern kann, werde ich noch schildern. Ich werde von unvorstellbaren Taten berichten. Ich werde von Menschen schreiben, denen mein Leben anvertraut war und die es fast zerstört hätten. Viele Menschen glauben, dass mit dem Bösen nur eine Metapher gemeint ist. Den Teufel, den Bösen, gibt es wirklich, und er hat viele Gesichter und Gestalten. Der schwarze Mann ist nicht nur eine Fantasiegestalt, die manche Eltern benutzen, um ihren Kindern Gehorsam beizubringen. Ich war dem Bösen eine lange Zeit ausgeliefert. Ich hatte keine Hoffnung, dieser Hölle zu entkommen und sehnte mich nach Liebe und Wärme.

Mir ist es sehr wichtig, diese Zeilen zu schreiben. Ich möchte jenen Menschen eine Stimme geben, denen es so oder so ähnlich wie mir ergangen ist. Ich schreibe diese Zeilen für alle, die einem Monster in Menschengestalt ausgeliefert sind. Für die, deren Leben von Gewalt, Folter, Brutalität und Hilflosigkeit bestimmt ist. Ich denke an all die Menschen, deren Seele an diesen Torturen fast zerbrochen ist und die diese Last ihr ganzes Leben mit sich herumtragen müssen. Ich möchte zeigen, dass es auch in meinen dunkelsten Stunden immer ein Licht für mich gegeben hat. Ich war immer in den Händen meines göttlichen Vaters. Das ist bestimmt schwer zu verstehen, aber so ist es immer gewesen, Gott hat auf mich aufgepasst. Wenn kein Mensch sich um mich kümmern wollte, hat er mir Schweine, Pferde, Kühe oder einen Hund geschickt. Niemals war ich wirklich mit meinem Kummer und Schmerz allein. Ich kann mich nicht daran erinnern, dass mir jemand eine Gutenachtgeschichte vorgelesen hat. Keiner hat jemals an meinem Bett gesessen und mich gestreichelt. Ich hatte leider kein Bett, als ich noch klein war. Den Geruch von Pferden, bei denen ich schlief, habe ich heute noch in der Nase. Ich weiß noch, wie mir Mutterschweine meine Wunden sauber geleckt haben, wenn ich halb tot geprügelt in ihren Boxen lag.

Warum hat meine Mutter mich weggeben?

Ich drehe mich um, weil ich sicher sein will, dass meine Mama auch zu mir blickt. Sie soll sehen, wie mutig und entschlossen ich den kalten See erobere. Dass meine Mutter große Sorgen hat, weiß ich natürlich nicht und ich würde es bestimmt auch nicht verstehen. Der See, in dem ich gerade herumtobe, liegt in Mecklenburg an einem schönen Schloss. Ganz in der Nähe liegt das Haus meiner Mama, in dem sie zusammen mit meiner Oma wohnt. Mir ist kalt, darum laufe ich zu meiner Mama und lass mich von ihr abrubbeln. Sie packt mich in ein trockenes Badetuch, damit ich mich nicht erkälte. Wir suchen unsere Sachen zusammen und gehen nach Hause. Die Oma hat den Tisch bereits liebevoll gedeckt. Hans, mein großer Bruder, sitzt schon am Tisch. Er war nicht mit baden, weil er etwas erkältet ist. Wir lassen uns das Essen schmecken. Nach dem Abendessen bringt uns Mama ins Bett und sie liest uns eine schöne Geschichte vor.

Dass meine Mutter Gerda zu diesem Zeitpunkt so große Sorgen hatte, hängt mit meinem Vater zusammen. Sehr lange Zeit hat sie nichts mehr von ihrem Freund Gerhardt gehört. Gerhardt war bei einem Bautrupp beschäftigt, der in der ganzen Republik eingesetzt wurde und an großen Bauprojekten mitarbeitete. Die beiden lernten sich kennen und meine Mutter verliebte sich in den jungen Mann. Als dann noch Hans und ich auf die Welt kamen, schien ihr Glück perfekt zu sein und sie hatte die Hoffnung, mit ihm eine Familie zu gründen. Als die Arbeiten an dem Projekt beendet waren, wurde der Bautrupp nach Karl-Marx-Stadt, dem heutigen Chemnitz, versetzt, und arbeitete an einem neuen Objekt. Seit dieser Zeit war der Kontakt zu meinem Vater abgebrochen und meine Mama war mit uns allein. Von all dem hatte ich natürlich keine Ahnung, ich merkte nur, dass meine Mama oft traurig war und weinte.

Gerhardt hatte sich zurechtgemacht und betrachtete sich im Spiegel. Ihm gefiel. was er da sah, er war ein schöner Mann. Er freute sich auf den heutigen Abend. Er hatte sich mit einer jungen Frau verabredet. Sie war sehr hübsch und hatte alles, was ein Mann sich wünscht. Als er sich vor einiger Zeit mit dem Hammer auf den Daumen gehauen hatte, wurde er ins Ambulatorium gebracht. Dort war sie als Krankenschwester beschäftigt. Sie war zwar sehr viel jünger als er, aber das gefiel ihm. Er war sich sicher, dass er Eindruck auf sie gemacht hatte.

Damals, bei Gerda, hatte das ja auch geklappt und er konnte einige Jahre kostenlos bei ihr wohnen.

Versprochen hatte er ihr nichts und dass diese zwei Bastarde auf die Welt kamen, war allein ihre Schuld, sie hätte ja verhüten können. Weder die Ehe noch sonst etwas hatte er ihr versprochen. Das Gerede von Familie und Heiraten ging immer nur von Gerda aus. Es gab noch so viele schöne Frauen, warum sollte er sich binden. Mein Vater hoffte wohl, dass meine Mutter aufgegeben und sich in ihr Schicksal gefügt hatte. Er sollte bald merken, wie sehr er sich geirrt hatte.

Gerda hatte mit ihrer Mutter oft lange Gespräche geführt und überlegt, was zu tun sei. Sie entschloss sich auf die Suche zu gehen und ihn zur Rede zu stellen, damit er Verantwortung übernimmt und sich um die Kinder kümmert. Nachdem sie herausbekommen hatte, wo mein Vater gerade arbeitet, beziehungsweise mit welchem Projekt der Bautrupp beschäftigt war, machte sie sich auf die Reise. Wir zwei Buben blieben bei Oma und sie wusste uns in guten Händen.

Gerhardt hatte sich nicht getäuscht, er hatte Eindruck hinterlassen. Das Interesse der jungen Krankenschwester war geweckt. Nach einiger Zeit, während er den perfekten Mann gespielt und einiges an Geld investiert hatte, bekam er sie ins Bett. Er bekam sie alle ins Bett, davon war er überzeugt. Den Knochenjob beim Bautrupp hatte er aufgegeben. Er ließ sich von der Stasi anwerben, da er sich viele Vorteile als Mitglied versprach.

Mit einiger Mühe hatte meine Mutter herausbekommen, wo mein Vater abgeblieben war. Vom Chef des

Bautrupps erfuhr sie, dass er schon seit einiger Zeit nicht mehr dort arbeitete. Er hatte immer über die Wismut AG geredet und dass man da eine Menge Geld verdienen kann. Die Suche führte meine Mutter nach Schneeberg, Aue, Annaberg und schließlich ins obere Erzgebirge. Gerhardt muss aus allen Wolken gefallen sein, als meine Mutter vor der Tür stand. Er war nicht bereit, seine Vaterschaft anzuerkennen oder auf eine andere Art, auch nicht finanziell, meiner Mutter zu helfen. Den Behördengang hätte sie sich sparen können, er brachte nichts. Die einzige Hilfe in dieser Zeit war ein Mann, bei dem sie Unterkunft fand. Es musste wohl einige krasse Auseinandersetzungen zwischen meinen Eltern gegeben haben. Letztlich fuhr meine Mutter wieder zu uns zurück, ohne irgendetwas erreicht zu haben.

Meinen Vater hielt das Geschehene nicht davon ab, der Krankenschwester einen Antrag zu machen. Die sagte „Ja" und so heiratete mein Vater diese Frau und bezog mit ihr eine Wohnung. Er arbeitete in einer LPG und hatte mit zwei Pferden im Wald zu tun. Welche Aufgaben er für die Stasi in dieser Zeit zu erfüllen hatte, wird sein Geheimnis bleiben.

Das mit Hass und Wut gefüllte Herz meiner Mutter brachte einen Plan hervor, der mich bis heute mit Angst erfüllt und mir eine Gänsehaut über den Körper jagt. Selbst ihre Mutter hatte nicht die Kraft und die Mittel, sie davon abzubringen. Gerda hat den Kontakt zu diesem Mann, der ihr so geholfen hat, nie abbrechen lassen. Sie wurde sich mit ihm einig, dass er sie zu sich nimmt und mit ihr ein neues Leben aufbauen will. Sie merkte wohl, dass dieser Mann sich um sie kümmern würde und sie bei ihm eine sichere Zukunft hätte. Die einzige Bedingung von ihm war, dass nur ein Kind von beiden bleiben durfte. So entstand der Plan für meine Umsetzung. Ich versuche, mir immer wieder vorzustellen, wie wohl ihre Auswahlkriterien ausgesehen hatten. Hat sie sich überlegt, diesen Schritt nicht zu gehen? Hat sie keinen anderen Ausweg gesehen? War es die Wut in ihr über das Verhalten meines Vaters? Ich war doch der Kleine, der Jüngere, ihr Norbert, sie musste mich doch liebgehabt haben. Mein großer Bruder war immer etwas kränklich und sie hing wohl mehr an ihm als an mir. Was hätte ich tun können. Ich weiß es nicht und werde es auch niemals erfahren. Hat sie gewusst, an welches Monster sie mich abschiebt? Ich vermute mal nicht, sonst wäre es noch unbegreiflicher für mich. Spürte sie, dass ich der Robustere von uns beiden war?

Mein Vater von der letzten Nacht noch liebestrunken, sehr zufrieden mit seiner Leistung im Bett und seine neue Frau noch im Kopf, öffnet wie jeden Morgen die Stalltür. Den Wäschekorb, der vor der Tür steht, schiebt er mit dem Fuß zur Seite. Wer hat diesen Wäschekorb mitten in den Weg gestellt? Gestern Abend stand er noch nicht. Öffnen lässt er sich nicht, er ist mit einem Strick verschlossen. Er geht in den Pferdestall und holt ein Messer. Den Strick schneidet er durch und öffnet den Korb. Was war das? Ein Scherz? Ein kleiner Junge. Er läuft rot an. Am Korbdeckel sieht er einen Brief. Als er diesen liest, erstarrt er, meine Mutter hat erklärt, warum sein Sohn Norbert bei ihm bleiben soll. Diese Geschehnisse hat mir viele Jahre später eine gute Freundin so berichtet, die damals in der Nachbarschaft des Pferdestalls gewohnt hat. Die Sache hatte hohe Wellen geschlagen und es wurden sogar Ermittlungen gegen meine Mutter geführt. Nun eine Einigung muss es aber gegeben haben, denn ab diesem Zeitpunkt durfte ich bei meinem Vater ein ganz neues, liebloses Leben führen. Mein Bruder blieb bei unserer Mama und wie ich später erfuhr, hat er eine glückliche Kindheit erleben dürfen. Ich bin froh, dass er das konnte. Ich glaube nicht, dass er sich auch nur annähernd vorstellen kann, wie meine Kindheit war. Niemand kann sich das vorstellen.

Auf diese Weise bin ich bei meinem Vater gelandet. Eine Erinnerung an das Korbabenteuer habe ich nicht. Meine früheste Erinnerung ist die erste Begegnung mit der Mutter meines

Vaters. Der friedliche Schlaf in diesem Korb war für viele Jahrzehnte der letzte friedliche Schlaf und an den kann ich mich nicht mal erinnern.

Meine Schilderungen beruhen auf langjährigen Nachforschungen und können nicht den Anspruch erheben, die reine Wahrheit zu sein. Meine ersten Lebensjahre werden aber zu großen Teile so oder so ähnlich verlaufen sein. Wenn ich heute über meine Mama nachdenke, habe ich Mitleid mit ihr und bin meinem göttlichen Vater dankbar, dass ich nie vor so einer Entscheidung stand. Wie kann man damit leben? Ich hoffe aber, dass sie trotzdem ein erfülltes Leben hatte. Leider habe ich sie erst sehr spät kennengelernt. Sie ist ein paar Tage, nachdem ich sie gefunden hatte. im Krankenhaus gestorben. Ich hatte so viele Fragen und konnte ihr nicht eine stellen. Wir haben nicht mehr miteinander reden können, dass macht mich immer noch sehr traurig.

Soweit der Prolog zu meiner Kindheit und an die Zeit, an die ich mich nicht mehr erinnern kann. Jetzt komme ich zu dem Teil meines Lebens, an den ich mich sehr wohl erinnere und oft froh wäre, wenn ich das nicht könnte.

Meine Oma – „Botschafterin der Liebe"

Über die Familienverhältnisse meines Vaters habe ich nie etwas herausbekommen. Großeltern habe ich nicht und nachdem ich meine einzige Oma kennengelernt hatte, wollte ich keine Omas oder Opas weiter haben.

Wie mein Vater mich vor dem Erlebnis mit meiner Oma behandelt hat, kann ich nicht mehr sagen. Dass er mich erst ab diesem Tag so brutal behandelt hat, glaube ich aber nicht. Das, was ich in der Folge berichten werde, mag so klingen, als hätte Dante versucht, seine Bilder von der Hölle mit Worten zu beschreiben. Genau das war es, meine persönliche Hölle. Ich hatte keine Hoffnung und keinen Ausweg. Meine Seele und mein Körper waren dem Bösen ausgeliefert. Ich hoffe, dass jeder, der das Folgende gelesen hat, in seinem weiterem Leben immer für die Schwachen eintritt. Wegschauen ist genauso schlimm, als würde man selbst zuschlagen und verletzen. Wenn ein Kind geschlagen oder misshandelt wird, stirbt mit jedem Schlag ein Stück seiner Seele. Ich wünsche mir, dass keinem Kind Schmerz und Leid zugefügt wird. Hass, Angst und Lieblosigkeit dürfen unsere Herzen nicht erobern. Mit Gott und seiner Liebe sollen unsere Kinder aufwachsen und dadurch glückliche Gotteskinder werden.

Ich wurde von meinem Vater gerufen und musste in der Kammer erscheinen. In der Kammer wurde in letzter Zeit gebaut und vorgerichtet.

Ein neues Bett wurde aufgebaut und einen neuen Schrank gab es auch. Ich rannte also in die Kammer und stutzte. Vor dem Bett stand eine Frau, die sich bei meinem Eintreten zu mir umdrehte. Sie war mittelgroß, hatte ein spitzes, strenges Gesicht. Ihre Haare waren zu einem Knoten im Genick zusammengebunden und sie stützte sich auf einen Gehstock. Sie musterte mich mit zusammengekniffenen Augen. Mein Vater sprach mit ihr und sagte dann zu mir: „Das ist deine Oma, die wohnt ab heute hier." Ich glaube, ich habe mich gefreut, wer hat nicht gern eine Oma. Ich lief auf meine Oma zu, um sie zu begrüßen. Eine sehr hohe, laute Stimme schrie mich an, dass ich Bastard stehen bleiben soll. Ich sollte es nicht wagen, ihr noch näher zu kommen. Mitten in meinem Lauf traf mich der Knauf ihres Gehstocks, auf den sie sich gerade noch gestützt hatte. Der Schlag traf meine Nase, ich hörte und spürte, wie sie zertrümmert wurde. Niemals in meinem Leben, werde ich diesen Schmerz vergessen. In wenigen Sekunden war das Zimmer voller Blut. Ich schrie vor Schmerz und Wut. Mein Vater erschien im Zimmer und ich sagte ihm, was mir widerfahren war. Seine Mutter erzählte eine ganz andere Geschichte und die glaubte er. Ich wurde in den Stall geschleppt und in einer Futterkiste eingesperrt, nachdem ich noch ein paar in die „Fresse" bekommen hatte. Mein Vater hielt mir vor, dass ich blödes Schwein das ganze schöne, neue Zimmer vollgeblutet hätte und Lügen erzählen würde. Am Abend besuchte meine Oma mich in meinem

Jammertal. Sie sagte zu mir, dass jetzt ein anderer Wind wehen würde und ich jetzt dafür bezahlen sollte, dass ich ihrem Sohn das ganze Leben versaut hatte. Ich war vier Jahre alt und weiß bis heute nicht, wie ich das geschafft hatte. Da lag ich nun, mich vor Schmerzen windend, in meinem Blut, in meinem Urin und schließlich in meinem Kot und hoffte auf das Ende meines Alptraums. Die Futterkiste durfte ich am nächsten Morgen verlassen. Ich bekam noch eine aufs Maul, weil ich das gute Futter versaut hatte. Keiner hat mir geholfen und sich um mich gekümmert. Im Haus wohnte eine Krankenschwester, die Frau meines Vaters, doch sie war nicht bereit mir zu helfen. Meine Nase wurde nie gerichtet und macht mir bis heute Probleme.

Vaterliebe

Eine meiner vielen Aufgaben, die ich jeden Tag zu erledigen hatte, bestand darin, die vielen Milchkannen, die aus der Molkerei zurückkamen zu waschen und zu desinfizieren. Zu dieser Zeit war ich nicht viel größer als diese Milchkannen. Ich habe mir immer viel Mühe gegeben, um diese Aufgabe gut zu erledigen, doch mein Vater hatte nach seiner Kontrolle immer etwas gefunden, dass nicht richtig war. Ich musste mich nun vor ihm hinstellen und er erklärte mir, dass ich ein paar in die Fresse verdient habe, weil ich nichts richtig machen würde. Die Faustschläge trafen mich dann meistens im Genick, weil ich mich wegdrehte, um mein Gesicht zu schützen. Dadurch wurde eine Wiederholung der Bestrafung erforderlich, weil ich ruhig halten sollte und nicht mit meinen Händen rumfuchteln durfte, wie er mir sagte. Meine Bettelei, mir doch bitte nicht mehr weh zu tun, hat mein Vater leider nicht verstanden und so lernte ich ruhig zu halten, wenn ich von ihm verprügelt wurde. So ging das einige Zeit, bis er eines Tages völlig die Kontrolle verlor und ich gezeigt bekam, wie eine Milchkanne ordentlich gewaschen wird. Ich wurde von ihm in die Wanne geworfen, in die ich sehr heißes Wasser mit einem starken Reinigungsmittel eingelassen hatte. Ich hatte große Angst und Schmerzen. Meine Augen brannten von diesem Reinigungsmittel und ich hatte die Befürchtung mein Augenlicht zu verlieren. Ich heulte und wehrte mich nach Kräften und hatte doch keine Chance gegen ihn. Jetzt war er dazu übergegangen, meine Haut mit einer Waschbürste zu bearbeiten, um mir zu zeigen, mit welcher Technik eine Kanne geschrubbt werden muss. Dabei hörte ich ihn schreien und fluchen, sehen konnte ich fast nichts mehr. Ich schrie, so laut ich konnte, um Hilfe, und versuchte ihm klarzumachen, dass ich blind bin und nichts mehr sehe. Irgendwie bin ich wohl doch zu ihm durchgedrungen und er hob mich aus der Wanne und schmiss mich in den Kannenstapel, den ich schon gewaschen hatte, dann nahm er einen Milcheimer mit Wasser und kippte ihn mir ins Gesicht, damit hat er mir bestimmt das Augenlicht gerettet. Die Haut an meinen Armen war überall aufgescheuert und blutete, aber am schlimmsten war dieses Brennen des Reinigungsmittels in meinen Augen. Ich durfte nach dieser Lehrvorführung erneut versuchen die Milchkannen ordentlich zu waschen. Nachdem ich ihm gemeldet hatte, dass ich fertig bin und hoffte, alles richtig gemacht zu haben, suchte mein Vater zusammen mit seiner Mutter nach Unreinheiten und Schmutz an den Kannen. Natürlich fanden sie etwas und nach ein paar Schlägen in die Fresse wurde ich in der Futterkiste entsorgt. Dieses Ritual wiederholte sich oft und erst, als ich ein ganzes Stück gewachsen war und mit diesen großen Kannen umgehen konnte, gelang es mir, sie richtig sauber zu bekommen. Ich weiß noch, dass ich an diesen Kannen bald verzweifelt bin und wirklich dachte, dass ich zu nichts nütze bin. Dass ich diese Aufgabe in meinem damaligen Alter gar nicht bewältigen konnte, wurde mir erst viel später klar.

Das Leben in Königslust wurde zu einem Alptraum, aus dem ich nicht erwachen konnte.

Nachdem mein Vater die Pferde abgegeben hatte, wurde eine Schweinezucht eingerichtet. Es gab einen mächtigen Eber und mehrere Muttersäue. Die Sauen wurden gedeckt und die Ferkel dann später verkauft. Viel Geld wurde auch verdient mit dem Decken von Schweinen, die von Bauern aus der Umgebung zu dem Eber meines Vaters gebracht wurden, denn der war ein prächtiges, prämiertes Tier. Ich musste für die Schweine immer das Futter anrichten. Zu diesem Zweck wurde von mir ein großer Dämpfer mit Kartoffeln und Abfällen gefüllt und dann wurde mit erhitztem Wasser der Inhalt des Dämpfers gegart. Im Prinzip ein riesiger

Schnellkochtopf. Sehr wichtig war, dass ich den Dämpfer danach mit kaltem Wasser abkühlte, damit sich derjenige, der den Dämpfer öffnen wollte, nicht die Finger verbrannte. Eines Tages hatte ich das vergessen und hörte meinen Vater schreien, dass er die Schnauze nun voll hat und ich Bastard beigebracht bekomme, was mich erwartet, wenn ich nicht spure. Mir war schlagartig klar, dass ich vergessen hatte, den Dämpfer abzukühlen. Ich versuchte vergeblich mich zu verstecken und nach einer kurzen Jagd hatte er mich am Kragen und schleppte mich zu dem Dämpfer. Bodenkontakt hatte ich keinen mehr, als er mich mit meiner linken Gesichtshälfte an den heißen Dämpfer drückte und wie von Sinnen schrie, ob ich merken würde, wie heiß dieser Scheißdämpfer immer noch ist.

Mein Schreien um Hilfe und mein Strampeln bewirkten bei meinem Vater nur, dass er noch brutaler wurde. In meiner Not stellte ich mich einfach tot, obwohl meine Schmerzen riesig waren. Nachdem ich mich nicht mehr rührte, schmiss er mich ins Futterhaus und äußerte dabei den Wunsch, dass ich dumme Sau verrecken möge. Nach einiger Zeit rappelte ich mich auf und schleppte mich in meinen Stall. Meine Schmerzen waren so schlimm, dass ich wohl das Bewusstsein verlor. Ich ging in der Nacht heimlich ins Haus und schnitt mir im Badezimmer mit einer Schere die Hautfetzen ab, die sich in meinem Gesicht gelöst hatten. Mein linkes Ohr war nur noch ein blutiger Klumpen und ich habe noch heute wildes Narbengewebe hinter meinem Ohr, dass mir immer noch

Probleme macht. Kein Arzt wurde gerufen und die Krankenschwester im Haus ließ sich auch nicht blicken, um meine Qualen zu lindern. Ich habe nie wieder vergessen, diesen Dämpfer abzukühlen, das könnt ihr mir glauben

In dieser Nacht wäre ich fast gestorben und die einzigen Wesen, die sich um mich gekümmert haben, waren ein paar Schweine, bei denen ich Unterschlupf fand, und die mich trösteten. Ich hatte noch oft Gelegenheit, ihnen auch die Schmerzen zu lindern, wenn sie von meinem Vater geprügelt wurden. Ich rieb ihre Striemen dann mit Melkfett ein und sie leckten meine Wunden sauber, wenn er mich verprügelt hatte. Trost und Mitleid ist nicht nur an Menschen gebunden, das habe ich als kleines Kind gelernt.

Der Hundemord in Königslust

Königslust, was für ein schöner Name, der Ort lag sehr idyllisch in einem Wald, fernab von aller Zivilisation mit einem schönen Teich. Das brachte es mit sich, dass es viele Wildtiere gab, die sich natürlich auch am Nutzvieh meines Vaters vergriffen hatten und so manches Huhn landete im Magen eines Fuchses oder Habichts. Um dem Einhalt zu gebieten wurde ein Hund angeschafft. Der konnte an einer langen Kette den Hof bewachen und das Morden von Hühnern, Enten und anderen Getier nahm stark ab. Die Familie meines Vaters hatte auch Zuwachs bekommen und nach einiger Zeit rannte nun dieser süße kleine Kerl, mein Stiefbruder, auf dem Hof herum und erkundete seine Welt. Dadurch vergrößerte sich aber auch mein Aufgabenbereich und ich musste auf den Kleinen aufpassen und dennoch meine anderen Aufgaben erfüllen. An einem Herbsttag musste ich mit einer Trommelwaschmaschine Kartoffeln waschen und in den Kartoffelkeller bringen, nachdem sie abgetrocknet waren. Da diese Aufgabe sehr schwer war und ich ja alles richtig machen musste und wollte, um nicht wieder verprügelt zu werden, kümmerte ich mich nicht genug um den kleinen Kerl, der mir kurze Zeit zuvor von meiner Stiefmutter zur Aufsicht anvertraut wurde. Ich war mit meinen Kartoffeln beschäftigt, dadurch bemerkte ich nicht, dass der Kleine sich zum Spielen ausgerechnet den Futternapf des Hundes ausgesucht hatte. Ich hörte hinter mir ein lautes Knurren und dann ein klagendes Geschrei. Ich drehte mich um und sah, dass der

Kleine auf seinem Hosenboden saß und laut klagend seine Hand betrachtete. Der Hund hatte ihn in diese Hand gebissen, er hatte wohl Angst, dass der Kleine sein Futter stehlen wollte. Vom Hund war nichts mehr zu sehen, er hatte sich in seinen Verschlag verkrochen und wusste genau, dass er etwas Dummes angestellt hatte. Ich sah mir die Hand an und konnte sehen, dass sie oberhalb des Daumens blutete, aber nicht sehr stark. Es war deutlich der Abdruck eines Zahnes zu sehen. Seine Mutter kam angerannt und schrie mich an, was passiert sei. Ich erklärte es ihr und sie nahm das Kind und verschwand mit dem Kleinen im Haus. Nun begann die Apokalypse und brach über den Hund und mich herein. Mein Vater stürzte herbei und schlug mich ohne weiteren

Kommentar erst mal nieder. Mein Auge war auf der Stelle zugeschwollen und ich musste das Folgende mit einem Auge betrachten. Mein Vater rannte in den Verschlag und versuchte, den Hund ins Freie zu zerren. Als ihm das gelungen war, stellte er sich mit dem Fuß auf seinen Kopf und wollte ihn mit der Kette erdrosseln. Dem Hund gelang es sich zu befreien und wieder im Verschlag zu verschwinden. Mein Vater rannte in den Stall und kam kurze Zeit später mit einer Mistgabel zurück. Er nahm die Gabel und stocherte mit ihr im Verschlag herum. Dann stieß er sie mehrfach mit aller Wucht in den Verschlag und hatte nach einigen Versuchen den zappelnden Hund auf die Gabel gespießt. Er zog ihn aus dem Verschlag und stach immer wieder mit der Gabel zu. Der Hund war schon lange tot und gab keinen Mucks mehr von sich, da stach er immer noch zu. Nach einiger Zeit ließ er von ihm ab und widmete sich nun meiner Bestrafung. Er hob mich wie eine Puppe in die Luft und schlug mir immer wieder mit der Faust ins Gesicht, wobei er schrie, dass ich Bastard doch auf seinen Sohn aufpassen sollte. Ich würde nichts taugen und er würde mich jetzt allemachen. Aus dem Haus rief seine Frau, dass sie jetzt losmüssten, und er kommen soll. Er hielt inne und schmiss mich auf den toten Hund, wobei er den Wunsch äußerte, dass ich genauso verrecken soll wie der Hund. Dass die Mistgabel, die in dem toten Hund steckte nach oben in die Luft ragte, hatte ihn wohl nicht interessiert. Ich landete auf dieser Gabel und sie durchstach meinen linken Oberschenkel. Nach einiger Mühe konnte ich von dem toten Hund herunterrollen und mich um meine Verletzung kümmern. Die Wunde am Oberschenkel blutete stark, ich nahm einen dicken Strick und eine Schachtel, um mein Bein zu verbinden. Es gelang mir, die Blutung zu stoppen. Die Familie war inzwischen mit dem P 70 aufgebrochen, und wie ich später erfuhr, waren sie mit dem Kind ins Krankenhaus nach Annaberg gefahren, um ihn untersuchen zu lassen. Ich schlich mich ins Haus und klaute eine dicke Binde von meiner Oma, die hatte viele davon, denn sie hatte offene Beine und brauchte deshalb viele Binden. Dem Kleinen ging es am nächsten Tag schon besser und nach ein paar Tagen hatte er alles vergessen und genoss sein junges

Leben. Keinen Menschen hat es gekümmert, wie es mir ergangen ist. Auch meiner Stiefmutter, die von Beruf Krankenschwester war, die sich so fürsorglich um ihren Sohn gekümmert hatte, war es völlig egal, wie es mir ging. Der tote Hund wurde in einer Kiste entsorgt und ein paar Tage später von meinem Vater weggebracht. Ich habe seit diesem Tag viele grausame Dinge erleben müssen, aber nichts ist mit dieser unvorstellbaren Brutalität vergleichbar. Das, was mich bis heute verfolgt, ist meine Hilflosigkeit. Ich musste zusehen, wie ein Geschöpf stirbt, und konnte nichts dagegen tun. Ich war zu schwach, um zu helfen. Das musste ich viele Jahre später noch einmal erleben, aber das ist eine andere Geschichte.

Die Macht des Bösen

Das mag so klingen, als würde ich über irgendein fiktives Wesen sprechen. Glaubt mir, das Böse ist genauso real wie das Buch, das du gerade liest. Viele Menschen sind auf einem Weg gefangen, der von dunklen Mächten bestimmt wird. Die nächsten Zeilen werden dir zeigen, was ich meine und welche Macht das Böse auch in unserer Welt ausüben kann. An einem sehr kalten Wintertag war ich gerade mit meinen Arbeiten im Schweinestall beschäftigt. Bei so strengem Frost gefror im Stall das Wasser ein und ich musste im Futterhaus Wasser warm machen und dann in den Stall schleppen. Die schweren Eimer über den Hof zu bringen, war für einen kleinen Jungen nicht so einfach, die waren ganz schön schwer. Ich hatte das aber geschafft und war schon mit dem Ausmisten beschäftigt, da hörte ich meinen Vater auf dem Hof toben und schreien. Ich hörte, wie er mich verfluchte, und schrie, wo ich Bastard stecken würde. Zuerst konnte ich mir keinen Reim darauf machen, ich hatte doch alles getan und dachte, dass er mit mir zufrieden sei. Ich hatte beim Schleppen der Eimer über den Hof etwas Wasser auf dem Weg vergossen und das war zu Eisplatten gefroren. Auf einer dieser Platten war mein Vater ausgerutscht und hingefallen. Da es auch zu meinen Aufgaben zählte, den Hof von Schnee und Eis freizuhalten, war ich natürlich an seinem Ungemach schuld. Nach der folgenden Spezialbehandlung hatte ich dann wieder ein paar Tage schulfrei. Immer wenn er mich verprügelt hatte, und mein Gesicht nicht mehr zu erkennen war, musste ich zu Hause bleiben, es sollte wohl keiner meinen zerschundenen Körper sehen. In dieser Nacht war es so kalt, dass ich fast erfroren bin, und nur die Rotlichtlampen, die im Stall angebracht waren, hielten mich warm. Die Muttersäue kümmerten sich um meine Wunden und ich überlegte mir mal wieder, wie ich aus diesem Folterkeller entkommen könnte. Oft wurde mir von meiner Oma angekündigt, dass ich unweigerlich im Jugendwerkhof oder Erziehungsheim landen würde. Für mich wurde der Gedanke immer verlockender, in solch eine Einrichtung zu gelangen. Ich musste mir nur überlegen, wie das zu schaffen ist. Mein Plan war es, bei meiner nächsten Einkaufstour etwas zu klauen und das so auffällig zu machen, dass ich garantiert erwischt werde. Diebstahl müsste mich ja geradewegs ins Erziehungsheim bringen, so war mein Plan. Ein paar Tage später ergab sich die Möglichkeit und ich setzte meinen Plan in die Tat um. In einem Laden steckte ich mir ganz auffällig etwa zehn Stangen Lakritze in meine Tasche und legte sie beim Bezahlen an der Kasse nicht auf den Tisch. Ich steckte meine Sachen in den Beutel und bezahlte. Als ich gehen wollte, fragte mich die Verkäuferin, ob ich nichts vergessen hätte zu bezahlen. Ich sagte nein und versuchte den Laden zu verlassen, ließ mich aber von der Verkäuferin gerne einholen und festhalten. Sie fragte mich, was ich in meine Tasche gesteckt hätte. Ich antwortete ihr, dass ich nichts eingesteckt habe und sie sich irren müsse. Sie nahm mich mit in ein Hinterzimmer und ich musste dort warten, während sie mit jemandem telefonierte. Nach ein paar Minuten ging die Tür auf und ein riesiger Polizist erschien. Er fragte mich, ob das stimmt, was ihm die Dame erzählt hatte. Ich ergab mich meinem Schicksal und gestand mein Verbrechen. Ich musste meine Taschen ausräumen und mein Diebesgut auf den Tisch legen. Der Riese redete dann noch kurz mit der Verkäuferin und ich musste mit in sein Büro gehen. Das befand sich nicht weit weg und es war nur ein kurzer Fußmarsch. Dort angekommen fragte mich der Polizist nach meinem Namen, wo ich wohne und wer meine Eltern sind. Dann fragte er mich, warum ich das getan hätte und ob ich nicht weiß, was das für mich bedeuten kann und meine Eltern bestimmt nicht erfreut wären über mein Verhalten. Ich begann zu erzählen und berichtete ihm über all meinen Kummer, über meine Misshandlungen und die Brutalität meines Vaters mir gegenüber. Ich erzählte von meinem Plan, ins Heim zu kommen und das ich nicht mehr zurückwollte nach Königslust. Er hörte mir aufmerksam zu, schrieb sich Etliches auf und stellte einige Fragen. Ich musste ihm mehrmals versichern, dass ich ihm die Wahrheit sage und nichts erfunden hatte. Nach dieser Befragung telefonierte er mit einigen Personen und sagte mir dann, dass ich nicht nach Königslust muss und wir warteten auf einen B 1000, der mich zu einer netten Frau nach Annaberg bringen wird. Wie es mit mir weitergehen soll, würde ich am nächsten Tag erfahren. Ich war so glücklich und hatte die Hoffnung, dass ich es geschafft hatte und endlich weg komme von Königslust, von meinem mich hassenden Vater. In Annaberg brachte er mich in die Wohnung einer Frau, die offensichtlich eine gute Freundin von ihm war und die mich sehr herzlich begrüßte. Ich bekam ein richtiges Abendessen und durfte in einer richtigen Wanne baden. Nach dem Bad hat sie mir meine Wunden eingeschmiert und verbunden. Dabei hat sie sehr geweint. Das Beste war für mich, dass ich in einem richtigen Bett schlafen durfte. Was für ein wunderbares Gefühl, so muss es im Himmel sein. Für mich war es der Himmel und ich wollte nie wieder hier weg. Nach einer Nacht im Himmel durfte ich lecker frühstücken und diese nette Frau schenkte mir eine Zahnbürste, weil sie nicht glauben konnte, dass ich noch nie eine Zahnbürste besessen hatte. Sie erklärte mir, wie ich sie benutzen sollte und ich versprach ihr, es auch so zu machen. Meine nächste Station in Annaberg war eine Arztpraxis, dort wurde ich von einer Ärztin untersucht und ich bekam Medizin und eine Spritze, die sehr wehtat. In der Praxis erschien nach einiger Zeit mein Polizistenriese und ich fuhr mit ihm und seiner Freundin ins große Polizeirevier nach Annaberg. Nach einer sehr langen Zeit, ich glaube es waren viele Stunden, öffnete sich die Tür und mein Vater betrat das Zimmer. Ich werde nie in meinem Leben seinen Gesichtsausdruck vergessen, als er mir grinsend mit böse funkelnden Augen sagte: „Komm, mein Sohn wir gehen nach Hause." In diesem Moment bin ich innerlich gestorben und wollte nur noch weg. Ich rannte mit aller Kraft los und schaffte es, an meinem Vater vorbeizukommen, aber nicht an meinem Polizistenriesen. Der schnappte mich, nahm mich hoch und sagte mir mit Tränen in den Augen, „Norbert, du musst jetzt mitgehen, es wird alles gut werden." Er stellte mich vor meinen Vater auf den Boden, dann drehte er sich um und verließ mit bösem Gesichtsausdruck den Raum. Wie konnten sie das tun, was sollte ich jetzt machen, w0llte mir keiner helfen? Wissen diese Leute, was mich erwartet, wenn wir zu Hause sind? Mein Vater schleppte mich zu seinem P 70 und brachte mich nach Königslust zurück. An diesem Tag schlug er mich nicht zusammen, ich bekam nur ein paar in die Fresse. Er vermutete wohl, dass noch mal jemand kommt, um nach mir zu sehen. Leider geschah das aber nicht und seine Spezialbehandlung folgte ein paar Tage später. Meine Hoffnung, dass mich mein neuer Freund, der Polizistenriese, besuchen wird und sich um mich kümmert, erfüllte sich nicht und ich sah ihn als Kind nie wieder. Von diesem Tage an vertraute ich viele Jahre keinem Menschen mehr und versuchte einfach nur zu überleben. Schon damals nahm ich mir vor, dass ich einmal so stark und hart werden würde, dass es kein Mensch mehr wagen würde, mich zu schlagen. Der Umstand, dass mein Vater bei der Stasi arbeitete, hat mir viele Jahre später klargemacht, dass keiner der Menschen, die mir helfen wollten, eine Chance hatten und nichts ausrichten konnten gegen diesen

Menschen, er war unantastbar. Von der netten Frau in Annaberg erfuhr ich auch die Bedeutung des Wortes Bastard und ab diesem Moment wusste ich, dass ich ein uneheliches, ungewolltes Kind bin. Der Tag bei dieser Frau war so wunderbar, aber auch ganz schlimm für mich, denn ab diesem Tag wusste ich, dass es noch eine andere Welt gibt, in der es Freude, Liebe und ein Bett für mich gab. Ab diesen Tag sehnte ich mich nach diesen Dingen.

Wie lange können Hasen fasten

Das mag komisch klingen, zeigt aber auf drastische Weise, dass ich auch für Dinge verantwortlich gemacht wurde, die ich nun wirklich nicht beeinflussen konnte. Zu meinen viele Aufgaben gehörte es auch, die Haustiere meines Vaters zu versorgen, wenn er mit seiner Familie in Urlaub fuhr. Da ich nicht zur Familie gehörte, musste ich zurückbleiben und sehen, wie ich mit allem zurechtkam. Ich war als Kind nicht einmal mit im Urlaub und mit Ferienspielen kann ich auch nichts anfangen, ich war nie dort. Die Kühe versorgte in der Zeit ein sogenannter Springer, eine Person, die am Morgen und am Abend die Tiere molk und fütterte. Oft war das eine liebe Frau, die mir half und mir etwas zu essen zusteckte, weil ich nach ihrer Meinung nur aus Hut und Knochen bestand. Sie hat auch das einzige Foto gemacht, das mich als Kind zeigt. Meine Aufgaben bestanden in der Versorgung der Tierschar meines Vaters. Das waren Hühner, Gänse, Enten, Schafe und Hasen, also die Tiere, die auf einen Bauernhof gehörten. Im Stall mit den Schweinen und Kühen hatte ich, wenn ein Springer da war, nichts zu tun. Für mich war es auch ein bisschen Urlaub, obwohl es trotzdem nicht leicht war, alles zu schaffen. Für meine Oma musste ich einkaufen gehen und das erledigen, was sie mir auftrug, denn sie fuhr nie mit in den Urlaub. Nun, ich erledigte meine Aufgaben, und es war alles gut. Einige Tage, nachdem mein Vater mit seiner Familie aufgebrochen war, starben die Hasen einer nach dem anderen und ich wusste nicht, woran das liegen konnte. Sie hatten Futter, Wasser und ich kümmerte mich doch gut um sie. Nach ein paar Tagen waren sie alle tot und ich war verzweifelt und fragte meine Freundin um Rat. Meine Oma hatte nur Hohn und Spott für mich übrig und war der Meinung, dass ich faules Schwein daran Schuld habe, weil ich sie nicht gefüttert habe und sie alle verhungert sind. Meine Freundin nahm einen toten Hasen mit zum Tierarzt, um ihn untersuchen zu lassen. Sie hatte die Befürchtung, dass die Hasen an einer schlimmen Krankheit gestorben sind. Einige Tage später kam die Familie meines Vaters aus dem Urlaub zurück. Es begann eine schlimme Zeit für mich. Meiner Version der Geschehnisse wurde keinerlei Glauben geschenkt. Meine Oma hatte eine Gruselgeschichte zusammengelogen und mein Vater hielt diese Geschichte für die Wahrheit. Mein Jammern und Flehen, mir nicht wehzutun, hörte er nicht und so wurde ich mal wieder erzogen und durfte danach das Grundstück nicht verlassen. Wenn ich von ihm grün und blau geprügelt wurde, durfte ich nicht in die Schule oder einkaufen. Die Leute hätten ja fragen können, was mir passiert ist, darum verlegte er sich auf eine andere Methode, mich zu erziehen. Er schlug mich nicht mehr mit der Faust in das Gesicht. Er nahm einen Milchschlauch oder seinen Gürtel und schlug mir damit in den Rücken oder in die Beine, was sehr schmerzhaft war, und ich konnte weiter all meine Dienste verrichten. Nach ein paar Tagen fuhr ein B 1000 auf den Hof und ein Mann stieg aus, der sich als Tierarzt ausgab und aus Karl-Marx-Stadt kam. Er fragte nach meinem Vater und als der erschien, teilte ihm der Mann mit, dass der Hase einen schlimmen Virus hatte, an dem er und all die anderen Hasen gestorben seien. Mein Vater hätte sehr umsichtig gehandelt und so sei es möglich gewesen, Schlimmeres zu verhindern. Der Hasenstall müsse unbedingt verbrannt werden und wir dürften eine Zeitlang keine Hasen halten. Auf meine Frage, ob der Hase nicht verhungert sei, antwortete der Mann: „Nein der Hase war in einem guten Zustand, er ist diesem Virus zum Opfer gefallen." Mein Vater schnauzte mich an, ich solle verschwinden und warf mir einen bösen Blick zu. In diesem Moment begriff ich, was mir bevorstand, und ich versteckte mich und hoffte, dass er mich nicht findet. Nach ein paar Minuten hörte ich, wie der B 1000 den Hof verließ und sah meinen Vater auf mich zustürzen. Woher wusste er, wo ich mich versteckt hatte? Meine Oma hatte alles beobachtet und verpetzte mich natürlich und genoss meine nun folgende Bestrafung. Leider hatte ich mich in der Nähe des Misthaufens versteckt. Mein Vater nahm meinen Kopf und drückte ihn in den breiigen Misthaufen, wobei er mir erklärte, dass ich nie wieder reden solle, wenn ich nicht gefragt werde. Mehr konnte ich nicht hören, weil alle meine Öffnungen am Kopf voller Scheiße waren und ich fast erstickt wäre. Er hat mich dann auf den Misthaufen geschmissen und ging sich die Hände waschen. Ich habe erst mal versucht, meinen Mund sauber zu bekommen und musste mich dabei übergeben, ich fühlte mich sehr elend, aber nach meiner Kopfreinigung warteten meine Aufgaben und ich konnte mich nirgendwohin zurückziehen, ich musste weiter machen. Nie wieder habe ich mich in der Nähe des Misthaufens versteckt, das war mir eine Lehre.

Tage im Paradies

Das mag erst mal komisch klingen, aber landschaftlich lebte ich wirklich in einem Paradies. Es war wunderschön in Königslust, es gab einen schönen Teich nicht weit vom Haus. Wälder, so weit man sehen konnte, und die Natur reichte bis an die Haustür. Ich habe viele Tiere beobachten können. Mein Tag begann sehr früh, um 3.30 Uhr holte ich die Kühe von der Weide und trieb sie in den Stall. Jede Kuh, ich kannte sie alle mit Namen, hatte ihren Platz im Stall und fand diesen auch immer. Sie wurden dann mit einer Kette angehängt und bekamen ihr Kraftfutter. Wenn das erledigt war, erschien mein Vater mit seiner Frau und begann zu melken. Ich ging dann wieder auf die Weide und steckte ein neues Stück Koppel ab, damit die Kühe nach dem Melken frisches Futter zum Fressen hatten. Danach durfte ich mich für die Schule fertig machen und wenn mein Vater gute Laune hatte, gestand er mir zu, ein paar Schnitten zu essen. Wenn nicht, war ich Selbstversorger und suchte mir etwas Essbares. Dann den Kleinen in den Kindergarten schaffen und anschließend zur Schule. Nach der Schule wieder schnell nach Hause, wo meine Milchkannen auf mich warteten und ich mal wieder verzweifelt versuchte, sie sauber zu bekommen. Je nachdem, wie ich nach meiner Bestrafung aussah, die mich fast immer nach meinen Kannen ereilte, zurück in den Ort, um einzukaufen. Danach den Kleinen aus dem Kindergarten wieder abholen. Das ersparte mir am Nachmittag wenigstens den Stall. Eines Tages fragte ich meinen Vater, ob ich nicht ein Fahrrad bekommen könnte, damit wäre ich ja schneller und müsste nicht zwei oder dreimal am Tag den langen Weg in den Ort hin und zurücklaufen. Außerdem könnte ich die schweren Taschen an den Lenker hängen und bräuchte sie nicht mehr schleppen. Er warf mir Größenwahn vor und während er mich verprügelte, hörte ich noch viele Gründe, warum ich kein Rad verdient hätte. Ob ich nicht wüsste, wie teuer ich Schwein sowieso schon bin. An diesem Tag verletzte er mich schwer an der Hand und ich hatte lange Zeit Schwierigkeiten und große Schmerzen, wenn ich sie bewegte. Ich kaufte mir ein paar Jahre später selbst ein Rad. Ich handelte es einem alten Mann für 10 Mark ab. Das Geld schenkte mir meine gute Freundin und sie wollte es nie zurückhaben. Das Gefährt stammte aus dem Jahr 1938 und wurde damals von der Firma Adler gebaut. Ich versteckte es im Wald und hoffte, dass mein Vater es nicht fand, was er auch zu meinem Glück nicht hat. Leider hatte ich mein Rad nur eine kurze Zeit. Die Familie meines Vaters zog kurz nach meinem Kauf nach

Geyer und ich musste mein schönes, altes Rad zurücklassen. Es steht bestimmt heute noch im Wald und wartet auf mich.

Mich hat immer sehr belastet, dass wir Schüler nach den Ferien einen Aufsatz schreiben sollten, mit der Überschrift „Mein schönstes Ferienerlebnis". Alle schrieben über ihre tollen Reisen, wie schön es an der Ostsee ist. Da wurde von Ferienlagern oder vom Urlaub in Ungarn berichtet. Ich saß dann immer da und überlegte, was ich Schönes erlebt hatte. Einmal habe ich über die Geburt eines Kalbes auf der Weide geschrieben und wie schön es für mich war, das mitzuerleben und das kleine Kälbchen auf dieser Welt zu begrüßen. Ich musste diesen Aufsatz im Unterricht vorlesen und alle haben über mich gelacht. Mein Lehrer meinte, dass ich am Thema vorbei geschrieben hätte. Aber was sollte ich schreiben, ich fand meinen Aufsatz richtig gut. Es gab einen Lehrer, bei dem wir Sport hatten und der wohl Mitleid mit mir hatte. Zum Sportunterricht mussten wir uns umziehen und hatten kurze Sachen an. Dadurch konnte man meine Verletzungen und Striemen an den Beinen und am Rücken sehen. Mein Sportlehrer nahm mich eines Tages zur Seite und fragte mich nach den Ursachen meiner ständigen Verletzungen und warum ich so oft nicht zum Schulunterricht kam. Ich berichtete ihm von meinem Schicksal und was mein Vater so mit mir anstellte. Ich musste meinem Vater einen Brief mitnehmen. Nach ein paar Tagen habe ich dann von meinem Vater eine brutale Abreibung bekommen, weil ich meinen Lehrern Lügen über ihn erzählen würde. Der Lehrer hätte sich lieber nicht einmischen sollen, denn wir hatten nach einiger Zeit einen neuen Sportlehrer, unser alter hatte eine neue Stelle in einer anderen Schule. Keiner wusste, warum, heute kann ich mir einen Reim darauf machen.

Meine erste Freundin

Die Zeit verging und ich hatte mich ganz gut mit meinem Schicksal arrangiert. Ich ertrug die schlimmsten Grausamkeiten und hatte meiner Seele eine dicke Mauer gebaut, hinter der sie sich verstecken konnte, um nicht in all der Gewalt und Angst unterzugehen. Ich weiß nicht, ob sich jemand vorstellen kann, wie es ist, wenn man als Kind aufpassen muss, wie seine Familie geschlachtet wird. Sauschlachten war für die Erwachsenen in Königslust und ihre Gäste ein freudiges Fest. Mein Vater zwang mich aufzupassen, wenn die Schlachter ein Schwein aus dem Stall zerrten. Es wurde gefesselt und dann mit einem Bolzenschussgerät getötet. Dann wurde es abgebrüht und zerlegt. Ich kann heute noch die Augen dieser Tiere sehen und wie sie mich anflehten doch etwas zu tun, um ihnen zu helfen. Diese Tiere standen mir sehr nahe, sie waren meine Familie, mit denen ich sehr viel Zeit verbracht hatte und deren Sterben ich nun erleben musste. Mein Vater war der Meinung, dass ich blödes Schwein lernen müsse, wozu Schweine gehalten werden, und ich es nur so begreifen würde. Einmal musste ich im Futterhaus das Blut rühren, aus dem wurde dann Blutwurst gemacht. Nachdem ich in den Eimer gekotzt hatte, durfte ich das nicht mehr machen. Abends lag ich beim Rest meiner Schweinefamilie im Stall und heulte mich in den Schlaf. Trost kann uns nicht nur von Menschen entgegengebracht werden, das habe ich als Kind gelernt. Jedes Geschöpf hat meine Achtung verdient und ist genau so geliebt wie ich, Gott liebt seine ganze Schöpfung, nicht nur uns Menschen.

Eines Tages musste die Familie meines Vaters nach Geyer ziehen. Das Wohnhaus in Königslust sollte umgebaut und der Stall vergrößert werden. Der Plan sah vor, nach den Umbauten nach Königslust zurückzukommen und dann wieder im Stall zu arbeiten. Also zog die ganze Sippe nach Geyer. Ich hatte zwar Angst vor der Zukunft, war aber voller Hoffnung, dass sich mein Leben nun ändern sollte.

Im Kulturhaus von Geyer bezog ich einen Verschlag unter dem Dach. Die Familie bezog einige Etagen tiefer eine Wohnung im selben Haus.

 Die Schulzeit, nicht nur in Geyer, war für mich furchtbar. Ich war ein sehr schlechter Schüler. Wie hätte ich aber auch gut sein können? Ich fehlte oft, immer wenn ich zusammengeschlagen wurde, und mein Gesicht schlimm aussah, durfte ich ja nicht zur Schule. Freunde, die für mich mitgeschrieben hätten, gab es nicht, und wie hätte ich bei all meinen Pflichten den Lehrstoff nachholen sollen. In meiner neuen Schule wurde das Klassenkollektiv einberufen und es wurde beschlossen, dass ich gefördert werden soll. Die Verantwortung für mein zukünftiges Lernen wurde einem Mädel übertragen. Martina, schon der Name klingt wie eine Melodie, war wunderschön, und ich war sehr froh über diese Wahl. Ab jetzt hatte ich so manchen schönen Nachmittag. Meine schulischen Leistungen verbesserten sich auch und ich war wohl verliebt und hoffte, dass dieses Gefühl für immer bleiben wird. Martina zeigte mir noch etwas ganz Neues, sie nahm mich mit zur Jungen Gemeinde in Geyer. Gott sollte ich kennenlernen. Die Jugendlichen wurden gerade auf ihre Konfirmation vorbereitet. Mit all diesen Dingen konnte ich nichts anfangen und ging trotzdem mit. Meine Motivation war aber, dass ich mit Martina zusammen sein konnte. Der Pfarrer in Geyer war ein toller Mann mit einem goldenen Herzen. Er kümmerte sich um mich und ich erzählte ihm so manches aus meinem Leben. Da nicht klar war, ob ich getauft bin und eine Konfirmation wohl nur geht, wenn man getauft ist, wurde ich im Kreis meiner neuen Freunde in Geyer getauft. Ich hatte eine wunderbare Zeit mit meiner neuen Familie und sie richteten mir eine schöne Konfirmation und im

Anschluss eine wunderschöne Feier aus.

Die Zeit in Geyer ging viel zu schnell zu Ende und ich musste mit zurück nach Königslust. Mit meiner Martina hatte ich ausgemacht, dass wir in Verbindung bleiben und uns so oft wie möglich schreiben. Ich schrieb ihr fleißig Briefe und wartete auf Antwort. So ging es einige Wochen und ich hoffte jeden Tag auf Antwort und konnte nicht verstehen, warum sie nicht schrieb. Nach einigen Monaten stellte ich das Schreiben ein und hatte mal wieder das Gefühl, ganz alleine zu sein und dass keiner mit mir Bastard etwas zu tun haben wollte. Ich verachtete Martina und meine Freunde in Geyer. Die nennen sich Christen, ich hasste sie und wollte mit diesen scheinheiligen Leuten nie wieder etwas zu tun haben.

Was damals wirklich geschehen ist, habe ich viele Jahre später erfahren. Nichts, was ich in meinem Leben erdulden musste, ist mit dieser diabolischen Bosheit vergleichbar. Ich arbeitete zu dieser Zeit in Annaberg bei der Schutzpolizei. Eine Angestellte der Sparkasse rief bei uns an und bat, dass ein Beamter bei ihr vorbeikommen sollte, weil sie eine Anzeige machen wollte. Ich suchte die Sparkasse auf. Beim Betreten des Büros sah ich eine Frau am Schreibtisch sitzen. Ich wollte mich gerade vorstellen, als sie sich umdrehte. Mir verschlug es die Sprache und ich wusste sofort, wer da vor mir saß. Ich war in Uniform und hatte mich seit damals sehr verändert, sie konnte mich nicht erkennen. Sie stand auf und ich stellte mich vor: „Polizeiobermeister

Scheibner, du willst mit mir sprechen Martina?" Ich konnte sehen, wie sie blass wurde und mich anstarrte, dann lief sie auf mich zu und fiel mir um den Hals. Ich war total aufgewühlt und hatte wohl Tränen in den Augen. Ich hatte sie immer noch gern und konnte doch nicht vergessen, was sie mir angetan hatte. Nachdem wir uns beruhigt hatten, erledigten wir das Dienstliche. Ich nahm mir dann die Zeit, mit ihr zu reden, um zu klären, was sich damals zugetragen hatte und warum sie sich nie wieder gemeldet hatte. Als Erstes fragte sie mich, warum ich nicht auf ihre Briefe eingegangen bin. Es wäre so gewesen, als hätte ich nie einen Brief von ihr gelesen. Als ich ihr sagte, dass ich nicht einen Brief von ihr bekommen habe, sagte sie ganz aufgebracht, dass sie jeden meiner Briefe beantwortet hat, und sie habe sich gewundert, warum ich nicht darauf einging, sondern immer von etwas ganz anderem geschrieben habe. Sie erzählte mir, dass sie sogar einmal mit ihrem Bruder in Königslust war, um mich zu besuchen. Sie wollten wissen, was mit mir los ist, und warum ich solche komischen Briefe schreibe. Eine alte Frau hätte ihnen gesagt, dass ich auf dem Feld bin und vor dem Abend auch nicht zurück sein werde. Sie sind dann wieder nach Hause gefahren und haben die Sache auf sich beruhen lassen. Als ich das hörte, musste ich weinen und es fiel mir wie Schuppen von den Augen und ich begriff, was geschehen war. Meine Oma nahm bei uns jeden Tag die Post in Empfang, sie war ja immer da. Ich habe sie so oft gefragt, ob nichts für mich in der Post dabei war. Die

Antwort war meistens „Wer soll dir Bastard schon schreiben?" Vom Besuch der beiden hat sie mir auch nie erzählt, ich konnte es nicht fassen, was für eine furchtbare Tat. Wir saßen in Martinas Büro und ich konnte mich nicht beruhigen. Ich stellte mir vor, wie sie die Briefe von Martina gelesen hat und sie dann verbrannte, wie sie es genossen hat, dass ich mich so quälte und nach Post fragte und hoffte, dass eine Antwort kommt. Wie wäre mein Leben verlaufen ohne die unbegreiflichen Taten meiner Oma? Martina gelang es mich zu beruhigen. Als ich sie verließ, hatte ich mich wieder im Griff, ich fühle mich bestohlen, betrogen und verraten. Was für ein Leben hätte ich wohl gehabt? Wäre ich ein Christ geworden? Ich hätte wohl nicht so viel Hass für diese Scheinheiligen empfunden, die mir so viel von Nächstenliebe erzählt haben und mich dann vergessen hatten, wie ich glaubte. Das werde ich meine Oma niemals verzeihen und ich hoffe, dass Gott mich deswegen nicht verurteilt.

Den Hass auf meinen Vater konnte ich während der Zeit in Geyer so steigern, dass ich ihn fast umgebracht hätte. Er hatte sich mal wieder seine Gürtel um die Hand gewickelt, um mich zusammenzuschlagen. Böse grinsen ging er auf mich zu. Er freute sich wohl auf mein Betteln um sein Erbarmen, mich doch bitte nicht zu schlagen. Es muss ihn wie ein Schlag getroffen haben, als ich ihn anschrie, dass ich ihn umbringe, wenn er mich noch einmal anfassen sollte. Mit unendlicher Wut schrie ich ihn an, dass er mir Platz machen soll. Wie eine Feder gespannt ging ich an ihm vorbei, jederzeit bereit zu kämpfen und sei es bis in den Tod. Ich schrie ihm ins Gesicht, dass mir nie wieder jemand wehtun wird, nie wieder.

Einige Zeit später musste ich zur Musterung. Ich war fast zwei Meter groß und wog 60 Kilo, ein Traum. Ich hatte alles überlebt und gelernt, mit so einigem fertig zu werden. Was sollte noch kommen, es kann ja nur besser werden, das habe ich wirklich geglaubt und gehofft. Meinem Vater war es nicht gelungen, mich zu zerstören und doch habe ich bis heute unter seinem Hass zu leiden. Wie gerne hätte ich seine Liebe kennengelernt. Wie habe ich mir gewünscht, dass er stolz auf mich ist. Ich frage mich, warum ich das erleben musste. Hätte mein Bruder das durchgestanden? Warum ist dieser Kelch an ihm vorbeigegangen und an mir nicht? Nun, ich glaube, dass ich genau dort war, wo mein himmlischer Vater mich wollte. Nur ich hatte die Kraft von ihm bekommen, um das zu überleben. Das war mein Weg und darum kann ich es heute akzeptieren. Keinen Augenblick war ich alleine, immer war die Liebe bei mir und gab mir Schutz und Trost, das weiß ich heute.

Das war in groben Zügen meine Kindheit. Sie war nicht schön oder kindgerecht, aber es gab wunderbare Moment, in denen ich mich geborgen und behütet gefühlt habe.

Aufbruch in ein neues Leben

Nach dem Abschied von meinen Freunden und der Rückkehr aus Geyer war ich also wieder in Königslust. Ich schaffte gerade so den Abschluss der zehnten Klasse. Ich bewarb mich bei der Handelsmarine. Mein Traum war es, Funkoffizier oder Maschinist auf einem Schiff zu werden. Ich wollte zur See fahren und all meinen Kummer hinter mich lassen. Da meine schulischen Leistungen nicht so berauschend waren, wurde ich nicht angenommen. Mir wurde mitgeteilt, dass ich einen technischen Beruf lernen sollte. Als Nächstes sollte ich mindestens drei Jahre in der NVA dienen und in die SED eintreten. Wenn all diese Bedingungen erfüllt wären, könnte ich mich wieder bewerben und hätte gute Karten, eingestellt zu werden. Ich wollte unbedingt auf ein Schiff, also machte ich mich ans Werk und lernte Mechanisator (Traktorist). Die praktische Ausbildung hatte ich in Wiesa. Mit der Theorie schlug ich mich in Freiberg herum. Das Beste für mich war, dass ich im Internat bleiben konnte. Nur an den Wochenenden sollte ich nach Königslust zurück, was ich aber nicht wollte. Ich fragte meinen Lehrausbilder, ob es nicht möglich wäre, auch an den Wochenenden im Wohnheim zu bleiben. Ich erzählte ihm einiges von dem, was mein Vater so mit mir veranstaltet hatte. Er war sehr aufgewühlt und versprach, sich darum zu kümmern. Wie er es geschafft hatte, sich gegen meinen Vater durchzusetzen, hat er mir nie erzählt. Ich hätte gerne miterlebt, wie mein bösartiger Vater an diesem aufrechten Mann gescheitert ist. Ich durfte nun jedenfalls auch an den Wochenenden im Wohnheim bleiben.

Mit Freude und Spaß lernte ich meinen Beruf und hatte keine Probleme. Ich machte die Fahrerlaubnis und durfte nach bestandener Prüfung mit den Traktoren der LPG fahren. Im Winter war ich zum Transport von Silage in die Ställe beschäftigt. Eine weitere Aufgabe bestand darin, Mist von den Ställen auf die Felder zu bringen, damit diese im Frühjahr gedüngt werden konnten.

An einem kalten Wintermorgen machte ich mich auf, um Futter nach Geyer zu bringen. Dort hatten wir einen Stall, der von mir mit Silage versorgt werden musste. In einer Walddurchfahrt, kurz vor Geyer, bemerkte ich einen PKW, der mir entgegenfuhr. Kurz vor mir bog der Trabant plötzlich nach rechts ab und verschwand in einer riesigen Schneewolke. Ich stoppte meinen Traktor und stieg aus, um nachzusehen, was passiert war. In der Schneewand, die der Schneepflug aufgeschoben hatte, klaffte eine Lücke. Auf dem Hang, der sich anschloss, war eine tiefe Spur in den Schnee gedrückt. Vom PKW war nichts zu sehen. Ich folgte der Spur und fand nach etwa zwanzig Metern den auf dem Dach liegenden Trabanten. Die Türen waren aufgesprungen, der Motor war aus, nur das Licht brannte noch. Das Fahrzeug hatte die Eisdecke eines Baches aufgeschlagen und lag zum Teil im Wasser. Neben dem Wagen, im Wasser, lag eine Person. Ich verschaffte mir einen Überblick und konnte feststellen, dass keine weitere Person zu sehen war. Ich kümmerte mich um die Person. Es war eine Frau, sie blutete am Kopf und war nicht ansprechbar. Ich zog sie aus dem Wasser und wickelte sie in meine Wattejacke, was gar nicht so einfach war. Mit einiger Mühe schleppte ich sie zu meinem Traktor. Froh war ich, dass sie nicht sehr groß und schwer war. Ich legte sie ins Fahrerhaus meines Traktors und fuhr sie zum Pförtnerhaus des Strumpfwerkes in Geyer, dass nicht weit weg war. Der Pförtner rief einen Rettungswagen und die Polizei. Inzwischen waren einige Frauen erschienen, die sich um die Verletzte kümmerten. Nach kurzer Zeit fuhr der Rettungswagen vor und brachte die Verunfallte nach Annaberg ins Krankenhaus. Ich trocknete meine Wattejacke und wartete auf die Polizei. Meine Aussage wurde aufgenommen und beim Abschied sagte ein Polizist zu mir, dass ich gut und umsichtig gehandelt hätte. Er bedankte sich bei mir. Das Gefühl, geholfen zu haben, war unglaublich schön und ich war etwas stolz auf mich. Ich brachte mein Futter zum Stall und war an diesem Tag sehr besorgt um das Wohl der jungen Frau.

Nach etwa sechs Monaten wurde ich in das Büro meines Lehrausbilders gerufen. Im Büro saßen mein Ausbilder, ein mir unbekannter Mann und eine Frau am Tisch. In einer Ecke des Zimmers spielten zwei kleine Kinder. Als ich das Zimmer betrat, sagte mein Ausbilder etwas zu der Frau, worauf diese aufsprang und mir um den Hals fiel. Sie weinte hemmungslos und drückte mich dabei mit aller Kraft. Ich habe bestimmt sehr verdutzt ausgeschaut und wusste nicht, was los war. Mein Ausbilder erklärte mir, das sei diejenige Frau, die ich nach ihrem Unfall aus dem Bach gezogen hätte. Ich hatte sie nicht erkannt. Der Mann stand inzwischen neben mir und nahm mich auch in den Arm. Er dankte mir, dass ich seiner Frau so geholfen hatte, sie wäre sonst mit großer Wahrscheinlichkeit gestorben. Ich wusste nicht, was ich sagen sollte. Mein Ausbilder schlug vor, dass wir im Aufenthaltsraum einen Kaffee trinken könnten. Wir saßen eine ganze Weile zusammen und ich erfuhr, was sich damals zugetragen hatte. Die junge Frau hatte einen Schädelbruch erlitten und war sehr stark unterkühlt gewesen. Sie musste wiederbelebt werden und es sah eine Zeit lang nicht gut aus. Nach einiger Zeit auf der Intensivstation hatte sie sich erholt und war wieder ganz gesund geworden. Sie schenkte mir eine große Kiste mit Strümpfen. Es waren so viele, dass sie bis zu meiner Armeezeit reichten. Die Frau arbeitete seit Kurzem im Strumpfwerk in Geyer. Welch eine Fügung und welch ein Glück, sie so zu erleben, inmitten ihrer süßen Kinder und voller Liebe zu ihrem Mann. Seit diesem Tag habe ich nichts mehr von dieser Familie gehört. Ich möchte gerne glauben, dass sie ein langes Leben voller Liebe und Zufriedenheit haben.

Von meinem Lehrausbilder hatte ich viel Zuneigung erfahren. Er brachte mir bei, dass ich mich wehren darf, wenn ich schlecht behandelt werde. Von ihm erfuhr ich etwas über

Kampfsport und wie ich meinen Körper trainieren kann. Er besorgte mir Lektüre über dieses Thema und ich machte mich daran, ein guter Kämpfer zu werden. Nach meiner Abschlussprüfung, die ich gut bestand, nahm ich den nächsten Abschnitt meines Weges in Angriff, der mich auf mein Schiff bringen sollte. Ich wurde Berufssoldat in einer kleinen Einheit, die im Norden der Republik stationiert war. Nur noch ein paar Jahre bei der NVA durchhalten und es wäre geschafft, das dachte ich. In die SED musste ich nicht eintreten. Ich war Mitglied in der Demokratischen Bauernpartei Deutschlands.

Ein Fischkopf namens Paola

Der Abschied von meinen Freunden in Wiesa war sehr schwer. Ich hatte eine sehr friedliche Zeit und konnte ohne Gewalt und Angst leben. Nun ging es also zur Armee, der letzte Schritt auf dem Weg meinen Traum zu verwirklichen und ein Seemann zu werden. Ich wurde zu einer kleinen Einheit abkommandiert und diente als Fernaufklärer, so bezeichnet man Soldaten dieser Einheit heute. Über die Ausbildung, den Einsatz und den Standort unserer Truppe werde ich besser keine Angaben machen. Es war eine harte Ausbildung. Wir waren gut in der Erfüllung unserer Aufträge. Heute kann ich nicht mehr verstehen, wozu wir die Fähigkeiten brauchten, die uns antrainiert wurden. Diese dienten dem Zweck der Informationsbeschaffung, und zwar mit allen Mitteln. Wir waren das Gegenteil von liebenswerten und mitfühlenden Menschen. Unseren Auftrag erfüllen und nie an einem Befehl zweifeln. Zeichnet das nicht jeden guten Soldaten aus? Es ist erschreckend, wozu Menschen mit den richtigen Methoden gebracht werden können. Damals dachte ich, dass ich richtig handelte und wäre für meine Überzeugung in den Kampf gezogen.

Unser Standort war nicht weit von Neubrandenburg entfernt. Darum konnte ich oft die Discos in der Stadt besuchen, wenn ich Ausgang hatte. Bei einem dieser Besuche lernte ich ein Mädchen kennen. Ich hatte meine Schwierigkeiten mit dem anderen Geschlecht und so sprach sie mich an und ich war sehr froh darüber. Paola, so war ihr Name, war sehr hübsch und wir verbrachten viele schöne Stunden miteinander. Wir trafen uns oft, wenn wir Zeit hatten, und ich verliebte mich unsterblich in sie. Die nächsten Jahre waren voller Zuneigung und Liebe, wir lernten uns kennen und planten unser gemeinsames Leben. In all den Dingen, die es braucht, um gemeinsam durch Leben zu gehen, war ich völlig unerfahren. Paola erfuhr natürlich auch von meinem Traum. Sie beschloss Koch zu lernen und bewarb sich bei der Handelsmarine. Wir wollten zusammen, auf einem Schiff, die Welt entdecken. Meine erneute Bewerbung bei der Handelsmarine war positiv beantwortet worden und so nahm unsere Zukunft langsam Gestalt an.

Zu Beginn des Jahres 1980 befand sich meine Einheit zu einem großen Manöver in der SU. Wenn wir zu einer Übung aufbrachen, wusste niemand, wo wir uns aufhielten, oder wann wir wiederkamen. Handys gab es noch nicht und ein Telefon in der Steppe zu finden war unmöglich. Die Verbindung zu unserem Kommandeur hielten wir mit einem Funkgerät.

Nach einigen Wochen waren wir zurück. Nachdem wir die Quarantäne überstanden hatten (nach einem Manöver wurden wir immer zwei Wochen weggesperrt, damit wir keine Krankheiten einschleppten), freuten wir uns auf die Rückkehr in unsere Dienststelle. Nach unserer Ankunft konnte ich es nicht erwarten, am nächsten Tag in den Ausgang zu gehen, um sie zu treffen.

Mit großen Erwartungen fuhr ich zu ihrer Wohnung und malte mir die Zeit mit meiner Paola aus. Ich klingelte an ihrer Wohnungstür, nichts geschah. Nach einigen erneuten Versuchen hörte ich, wie aufgeschlossen wurde und die Tür öffnete sich. Ihr Bruder stand vor mir und ich konnte sehen und riechen, dass er getrunken hatte. Er bat mich ins Haus und gab mir ein Bier. Er begann zu erzählen und sagte mir folgendes „Pass auf, Norbert, die Paola ist tot und wurde schon vor einigen Wochen beerdigt." Er nahm einen Schluck aus seiner Flasche. Ich begriff nichts und er faselte weiter: „Sie hat an einem Bahnübergang gestanden und ein besoffener Autofahrer hat sie an der geschlossenen Schranke zerquetscht." Er holte sich eine neue Flasche Bier. Ich war nicht fähig, etwas zu sagen und konnte nicht begreifen, was er mir da erzählte. Was ihr Bruder mir noch alles erzählte, weiß ich nicht mehr. Irgendwann stand ich auf dem Friedhof an ihrem Grab. Es war ein Erdhügel mit einem Holzschild, auf dem ihr Name stand. Auf dem Grab lagen noch einige verwelkte Blumen. Ich versuchte zu begreifen, was gerade geschehen war und merkte, wie mir der Boden unter den Füßen weggezogen wurde. Mir wurde schlecht, und schlagartig war mir klar, dass ich wieder alleine war. Ich konnte mich nicht mal von ihr verabschieden. Warum ist das passiert? Sie war doch noch so jung und hatte ihr ganzes Leben vor sich. Bei meinem Aufbruch in die SU hatte sie schon seit zwei Monaten ihre Tage nicht bekommen. Wir waren sehr aufgeregt, aber ich sollte ja nach meiner Rückkehr alles erfahren. Ich weiß bis heute nicht, ob sie schwanger war. Ihre Eltern hatten immer etwas gegen unsere Beziehung und informierten mich über nichts. Warum wieder ich, hatte ich nicht schon genug durchgemacht? Ich stand an ihrem Grab und ging, nachdem sich mein Weinkrampf etwas gelöst hatte, zurück in meine Dienststelle. Ich wollte mir unterwegs eine Flasche Schnaps kaufen, um meinen Kummer zu betäuben. Als ich im Laden stand, mit der Schnapsflasche in der Hand, hörte ich in mir die Stimme meiner Paola. Sie sagte mir, dass ich ihr schon so oft versprochen hatte, weniger zu trinken. Sie hatte es nicht gern, dass ich trank, weil ich immer brutal und ungehalten wurde, wenn ich betrunken war. Ich stellte die Flasche zurück und habe seit diesem Tag, über fünfunddreißig Jahre, keinen Tropfen Alkohol getrunken.

Ich meldete mich krank und versuchte zu verarbeiten, was passiert war. Mein Leben war unerträglich, ich war oft auf dem Friedhof und konnte ihr doch nicht nahe sein. Hilfe bekam ich nur von ein paar Kameraden meiner Einheit. Als diese zur Ausbildung auf die Insel Rügen abkommandiert wurden, war ich allein mit meinem Elend.

Nach einiger Zeit, ich war immer noch nicht dienstfähig, begann in Neubrandenburg der Prozess gegen den Todesfahrer. Ich war natürlich dort und hoffte wohl auf Antworten, obwohl ich nicht einmal wusste, auf welche Fragen ich Antworten erwartete. Der Angeklagte war ein Bürohengst und sah genauso aus. Er war klein, blass und hatte einen unsteten Blick. Die Verhandlung dauerte nur ein paar Stunden und hatte ein für mich sehr unbefriedigendes Ende. Er bekam ein paar Monate Gefängnis, die zur Bewährung ausgesetzt wurden. In seiner Urteilsbegründung sagte der Richter: „Der Angeklagte hatte als Mitarbeiter des Rates des Bezirkes immer gute Arbeit geleistet. Er war ein angesehener Mitarbeiter, der sich immer als guter Staatsbürger gezeigt hatte. Dass er zum Zeitpunkt des Unfalls 2,7 Promille Alkohol im Blut hatte, war ein einmaliger Ausrutscher." Der Angeklagte hatte sich bei der Familie entschuldigt und sein aufrichtiges Bedauern ausgedrückt. Damit war die Verhandlung beendet. Ich saß auf meinem Stuhl und konnte es nicht fassen. Heute weiß ich, dass ich nicht über andere urteilen soll. Damals war ich froh, dass ich keinen Alkohol mehr getrunken hatte. Wer weiß, was ich dem Kerl angetan hätte. Keiner der Anwesenden wäre auch nur annähernd in der Lage gewesen mich aufzuhalten. Eines der Wunder, die ich erlebt habe. Weil ich nicht mehr trank, war ich in der Lage, meine Wut im Zaum zu halten und dieser Mensch durfte unbeschadet weiterleben.

Auf dem Weg in mein Wohnheim entschloss ich mich, meine Zelte in dieser Stadt und in der NVA abzubrechen. Meine Ausrüstung und Bewaffnung legte ich auf mein Bett und begab mich in den Ausgang. Keinem ist etwas aufgefallen, ich war ja ganz allein in meinem Wohnheim. In Neubrandenburg bestieg ich einen Zug und fuhr nach Berlin. Von dort ging es weiter nach Karl-Marx-Stadt. Mein Weg führte mich ins Erzgebirge. In ein kleines Dorf, das in der Nähe von Annaberg liegt. In der dortigen LPG sprach ich mit dem Vorsitzenden, den ich noch von früher kannte. Ich durfte im Kälberstall arbeiten und bezog eine Einraumwohnung in einem LPG-Haus.

Über die nachfolgende Zeit weiß ich nicht mehr sehr viel. Ich war in einem bösen Traum gefangen und konnte nicht aufwachen. Die Arbeit mit den Tieren war genau richtig. Ich schenkte ihnen all meine Zeit. Liebe konnte ich ihnen nicht schenken, die war für mich gestorben. Geholfen hat mir ein Mann mit goldenen Händen, der mir viel über Kälberaufzucht beigebracht hatte.

Eines Tages holte mich mein früheres Leben ein. Ich bekam Besuch von einer ganz speziellen Art von Mensch. Mein Kollege rief nach mir und sagte, dass auf dem Platz vor dem Stall zwei Herren auf mich warten würden. Als ich die beiden Herren sah, schwante mir nichts Gutes, ich habe einen Draht dafür, wenn es für mich Ärger gibt. Mir war klar, dass mein Verschwinden aus der Dienststelle schwere Folgen für mich haben würde. Einer der beiden Herren hielt mir einen Ausweis unter die Nase. Er fragte mich in einem sehr respektlosen Ton, ob ich der Scheibner sei. Was er sonst noch sagte, weiß ich nicht mehr. Der andere näherte sich mir von hinten. Er wollte mich am Kragen packen, um mich zu dem Lada zu bringen, der mit offenen Türen auf dem Platz stand. Es gab ein kurzes, heftiges Gerangel. In dessen Ergebnis liefen die beiden Herren wie die Hasen zu ihrem Lada, mit dem sie sehr eilig den Hof verließen. Mein Arbeitskollege, der alles beobachtet hatte, sah mich an, als wäre ich ein Geist, als ich an ihm vorbei in den Stall ging. Ich wusch mir das Blut von den Händen und machte meine Arbeit weiter. Ich habe bei dieser ganzen Aktion nichts gefühlt. Ein bisschen Wut vielleicht, aber sonst nichts, meine Seele war völlig leer. Dass ich keinen weiteren Besuch von meinen „Freunden" bekam, lag an meinem Vater. Der hat an ein paar Schrauben gedreht. Auch wenn sie mit noch mehr Männern gekommen wären, hätten sie nichts erreicht, sie hätten mich erschießen müssen. Niemand tut mir jemals wieder weh, das hatte ich mir geschworen.

Schuld und Vergebung

Was in den folgenden Jahren mit mir geschah, kann ich nicht genau sagen. Ich lernte einen Mann kennen, der mir alles beigebracht hat, was mit der Tierpflege und Kälberaufzucht zu tun hatte. Beruflich verdanke ich ihm alles und auch so half er mir, wo er konnte, damit ich in meiner neuen Heimat zurechtkam. Es gibt Menschen mit goldenen Händen, denen alles gelingt, was sie sich vornehmen, und mit denen man immer gerne zusammen ist. Mit Manfred, so hieß der Mann, lernte ich auch seine Tochter kennen. Ich brachte es fertig, zwei Kinder mit ihr in die Welt zu setzen und war sogar verheiratet mit dieser Frau. Geliebt habe ich sie nicht, das kann ich mit Sicherheit sagen. Warum war ich dann mit ihr zusammen? Ich glaube, das hing mit meiner Sehnsucht nach einer Familie zusammen, und mit Manfred hatte ich so etwas wie einen Vater gefunden und der Rest war mir egal. Leider hatte ich einen Vater gefunden, der ein großes Problem mit dem Alkohol hatte, er war alkoholkrank. Oft konnte ich ihm helfen, und so manches Mal brachte ich ihn nach Hause und kümmerte mich um ihn, wenn es ihm richtig schlecht ging. Noch vor meiner Zeit mit ihm hatte er in seinem Bauerngut in der Scheune getrunken. Er hatte sich dabei eine Zigarette angezündet und war dann eingeschlafen. Das ganze Bauerngut war abgebrannt und viele Tiere waren dabei gestorben. Er überlebte verletzt und ich merkte, dass er sich wegen dieser Sache oft schämte. Nur wenn er betrunken war, erzählte er mir darüber und wie leid es ihm tut, dass er es so gerne rückgängig machen würde, was aber nicht ging. Er hat sehr darunter gelitten und deshalb getrunken, ein Teufelskreis. All das löste sich eines Tages mit einem furchtbaren Ereignis auf und veranlasste mich, mein Leben ganz neu zu beginnen. Sein Sohn rief mich zu sich auf den Flur und zeigte mir die verschlossene Tür zu seinem Kinderzimmer. Diese Tür war sonst nie verschlossen, er wusste nicht mal, dass es für diese Tür einen Schlüssel gab. Meine

Bemühungen, sie zu öffnen schlugen fehl, das Fenster war auch geschlossen und so blieb nur der Weg, sie aufzubrechen. Ein kurzer Tritt löste das Problem und ich betrat das Zimmer. Ich schrie, dass er ja nicht das Zimmer betreten soll, und schloss die Tür hinter mir. Manfred stand oder hing an einem dünnen Strick unter dem Ofenrohr, das durch das Zimmer führte. Seine Augen waren weit aufgerissen und die Zunge war angeschwollen. Er war nur mit einem Schlüpfer bekleidet und hatte unter sich gemacht, was für ein fürchterlicher Anblick. Nicht in Panik verfallen, sagte ich mir und ging zu dem offensichtlich toten Manfred und sah, dass er nicht mehr lebte. Anfassen wollte ich ihn nicht und tat es doch. Er war kalt und steif und ich hatte keinen Zweifel, dass er schon lange hier hing. Ich schickte seinen Sohn los, um den Notarzt und die Polizei zu rufen. Ich blieb vor Ort und bewachte diese Tür, damit niemand in das Zimmer gehen konnte. Damit war mein Leben mal wieder aus den Fugen geraten und ich konnte nicht verstehen, warum er so etwas getan hatte. Mein Ersatzvater war gestorben und ich war mal wieder allein. Mit meiner Frau konnte und wollte ich nicht zusammenbleiben. Sie war unordentlich, im Haushalt eine einzige Katastrophe und eine Kleptomanin. Ich war oft verzweifelt und voller Wut, denn ich versuchte, alles in Ordnung zu halten, was mir aber nie so richtig gelang. Wenn uns jemand besuchte, habe ich mich immer sehr geschämt, wie es bei uns aussah.

Ich hatte ohne meinen Manfred keine Lust und Freude mehr, im Stall zu arbeiten und bewarb mich bei der Berufsfeuerwehr. Ich dachte nicht, dass ich genommen würde, weil ich ja mit den Staatsorganen nicht gerade befreundet war. Es gab aber keinerlei Probleme und ich wurde eingestellt. Warum sollten sie mich auch nicht nehmen, ich war super ausgebildet und hatte oft bewiesen, dass ich unter Stress und Druck gut funktionierte. Nach ein paar Monaten besuchte mich ein Mann in der Feuerwache und sprach mit mir über die Möglichkeit, zum Polizeidienst zu wechseln. Ich nahm das Angebot an und wurde Polizist. Diese Wendung in meinem Leben hatte ich überhaupt nicht erwartet. Ich freute mich aber auf meinen neuen Beruf. Helfen zu können und Menschen zur Seite stehen machte mir ja Freude und es würde bestimmt spannend werden. Ich hatte das Gefühl, die richtige Entscheidung getroffen zu haben.

Nach der Polizeischule und einiger Zeit bei der Schutzpolizei bewarb ich mich bei einer Sondereinheit der Polizei und wurde Zivilfahnder. Während einer Nachtschicht, wir arbeiteten oft Nacht, führte mich mein Weg nach Lößnitz und dort lernte ich eine junge, hübsche Frau kennen, die alles in meinem Leben veränderte. Mit meinem Kollegen wollte ich einen Kaffee trinken und eine Kleinigkeit essen. An der Kasse bediente mich eine hübsche, junge Frau. Von Ina, so hieß sie, war ich sehr angetan und begeistert. In ihren Augen lag etwas Trauriges und ich fühlte mich sehr berührt von diesem Blick. Wir tranken dann oft einen Kaffee in dieser Tankstelle, ich verliebte mich in sie und es begann eine sehr schöne Zeit. Nach und nach stellte sich heraus, dass sie zu Hause große Probleme hatte. Ich konnte ihr helfen und sie war für mich da, diese Liebe hat uns beiden gutgetan und ist unglaublich wichtig in unserem Leben

Die Aufgabe unserer Einheit war es, die Schwerkriminalität in Sachsen zu bekämpfen, und weil die Verbrechen meistens nachts begangen wurden, arbeiteten wir oft in den Nachtstunden. Wir machten all das, was für die Schutzpolizei zu gefährlich, zu aufwendig oder logistisch nicht zu bewältigen war. In der Nacht zum 25. 11. 1994 war unsere Einheit in Annaberg und Aue eingesetzt. In diesen Bereichen hatten sich in letzter Zeit die Fälle von Einbrüchen, bewaffneten Raubüberfällen und schwerer Körperverletzung gehäuft. Wir sollten dagegen etwas unternehmen. Wir wählten Örtlichkeiten aus, die von uns observiert wurden, damit wir die Täter möglichst auf frischer Tat stellen konnten. Zu Beginn der Nachtschicht traf sich unsere gesamte Einheit in der Polizeidirektion Aue, dort wurde die Einweisung vorgenommen. Ich bekam den Kollegen M. zugeteilt und den Bereich Annaberg mit einigen möglichen Angriffszielen. In der Vergangenheit bildete ich immer mit meinem Kollegen K. eine Einsatzgruppe, warum das in dieser Nacht anders war, ist mir bis heute ein Rätsel. Wir verließen Aue und begaben uns in den angewiesenen Einsatzraum. Nach ein paar Stunden wurde uns über Funk gemeldet, dass es in einem Ortsteil von Annaberg einen bewaffneten Raubüberfall gegeben hatte. Die Täter seien bewaffnet und mit einem gestohlenen Audi in Richtung Chemnitz flüchtig. Es handelt sich um drei bis vier Personen, die südländisch aussahen. Zu dieser Zeit hatten wir sehr mit rumänischen Banden zu kämpfen, die äußert brutal und skrupellos vorgingen. Wir beschlossen, in Richtung Chemnitz zu fahren und beim Feststellen eines Fahrzeuges, auf das die Beschreibung passt, dieses zu kontrollieren. In Schönfeld bemerkten wir vor uns einen PKW, auf den die Beschreibung passte, und wir nahmen die Verfolgung auf, um ihn zu stoppen und die Insassen zu überprüfen. Der Fahrzeugführer hatte bemerkt, dass ihm ein PKW folgt, und fuhr immer schneller. Als wir in Ehrenfriedersdorf einfuhren, sagte mein Kollege M. zu mir: „Fahr mal schneller, sonst verlieren wir die noch." Ich befolgte seine Anweisung und gab mehr Gas. Wir fuhren zu diesem Zeitpunkt schon weit über einhundert Stundenkilometer. An der Auffahrt zum Sauberg brach mein Wagen plötzlich aus und schleuderte auf die Gegenfahrbahn. Mir kamen zwei Scheinwerfer entgegen und es gab einen gewaltigen Knall. Unser PKW flog durch die Luft und kam nach einigen Drehungen und Überschlägen auf einem Gartengrundstück zu liegen. Das Schreien neben mir war sehr laut und das Einzige, was ich verstehen konnte war „Mama", und das immer wieder. Ich versuchte, mit meinem Kollegen M. zu reden, bekam aber keine

Antwort von ihm. Ich wollte mir über meine Situation klar werden und ging meine Körperfunktionen durch. Mein rechter Arm war gebrochen und baumelte an mir herum, ich hatte keinerlei Kontrolle über ihn. Mein linker Arm war zwischen Tür und Sitz eingeklemmt und ich konnte ihn auch mit großer Anstrengung nicht herausziehen. Meine Beine konnte ich nicht spüren, was mir große Sorgen machte. Bewegen konnte ich sie nicht, sie steckten irgendwo fest. Neben mir das Schreien und Wimmern war inzwischen in ein Röcheln und Husten übergegangen, es roch nach Urin, Kot und Benzin und mir wurde schlecht von diesem Gestank. Ich musste mich übergeben und spürte mit meiner Zunge, dass in meinem Oberkiefer einige Zähne fehlten. Ich schrie laut um Hilfe und bemerkte das ich kaum noch Atmen konnte und starke Schmerzen in meinem Brustkorb und an meinem Rücken hatte. Das Röcheln neben mir war verstummt und ich spürte ab und zu noch ein Zucken, das aber nach einiger Zeit auch aufhörte. Dann tat sich etwas und ich konnte etwas hören und den Lichtschein von Taschenlampen sehen, vorher war es stockdunkel gewesen. Ich schrie mit letzter Kraft um Hilfe und musste mich dadurch erneut übergeben. Das Licht kam näher und ich hörte einen Mann sagen: „Ich glaube, da lebt noch jemand." Ich war gefunden worden und es war wieder Hoffnung in mir, dass alles gut werden würde. Ein Mann sprach mit mir und wollte wissen, was mir wehtut. Ich sagte ihm, dass ich Luftnot habe und mein unterer Rücken sehr wehtut. Ich spürte, wie das Auto zerlegt wurde, und ich nach ein paar Minuten endlich draußen war. Mir wurde mit etwas Spitzen in den Brustkorb gestochen und an meinem Arm hingen auch einige Schläuche. Der Schmerz wurde langsam erträglich und ich wurde in einen Krankenwagen geschoben, die Tür ging zu und das Auto fuhr los. Ab diesem Moment war ich in einer anderen Welt. Es war sehr friedlich, warm und hell, ich hatte keine Schmerzen und keine Angst. Ich war am friedlichsten Ort, den man sich vorstellen kann und ich wollte für immer hierbleiben. Wie lange ich in meinem Paradies war, kann ich nicht sagen, und wäre da nicht dieses Geräusch gewesen, ich wäre für immer dortgeblieben. Es hörte sich nach einem sich immer wiederholenden Zischen an. Ich wollte wissen, was da meinen Frieden störte und war zurück in dieser Welt. Ich spürte Schmerzen und wusste tief in mir, dass mein Kollege gestorben war. Eine Krankenschwester stand an meinem Bett und erklärte mir, dass ich im Krankenhaus liege. Das Nächste, woran ich mich erinnern kann, ist eine seltsam verkleidete Frau. Sie saß an meinem Krankenlager, hatte den Mund und die Nase hinter einem Tuch versteckt und doch wusste ich sofort, dass es meine Ina ist. An ihren Augen hatte ich sie erkannt. Sie weinte und streichelte mich. Ich war so traurig und schämte mich für das, was ich angerichtet hatte, welch eine Katastrophe. Sie besuchte mich so oft sie konnte, tröstete und fütterte mich. Durch ihre Liebe und Fürsorge habe ich diese Tage auf der

Intensivstation überstanden. Diese Frau war meine Pflegerin und mein Engel, ohne sie hätte ich wohl nicht überlebt, sie hat mich mit ihrer Liebe gerettet.

Mein Körper war zerschlagen und meine Schuld riesig und doch war es der Beginn eines Lebens, das zu etwas Wunderbaren werden sollte. Wäre ich in dieser Nacht gestorben wie mein Kollege, dann wäre mir das Beste und Wichtigste in meinem Leben entgangen. Ich hatte Schuld auf mich geladen und habe später Jesus kennengelernt, der durch seinen Tod meine Schuld auf sich genommen hat. Bis mir das allerdings klar werden sollte, mussten noch viele Jahre vergehen.

Freunde?

Das Geräusch, das mich aus meinem Paradies vertrieben hatte, wurde von einer Maschine verursacht, die mir beim Atmen helfen sollte. Heute bin ich dankbar für die Hilfe dieser Maschine, damals hasste ich sie, weil ich so gerne in meinem Paradies bei meinem wahren Vater geblieben wäre. Aber ich sollte noch nicht bei ihm bleiben, er hatte noch einiges mit mir vor. Die Schuld, die ich auf mich geladen hatte, und die Scham über das, was ich angerichtet hatte, empfand ich als etwas Furchtbares. Das Schlimmste war für mich meine Hilflosigkeit. Einen Menschen leiden zu sehen und nicht helfen zu können, ist sehr schlimm und zerbricht dir das Herz. Dieses Gefühl hatte ich schon einmal bei dem Hundemord in Königslust. Seit dem Tag dieses Unfalls quälte mich immer der gleiche Alptraum. Ich sehe zwei Lichter auf mich zukommen. Dann spüre ich einen harten Schlag und kann den Gestank in diesem Autowrack riechen. Ich höre sein Schreien und Stöhnen und erwache schweißgebadet. Dieser Traum verfolgte mich, bis ich Mitte Fünfzig war, und wie ich ihn loswurde, werde ich euch noch berichten. Für mich eines der Wunder, die ich noch erleben sollte.

Einige Zeit nach diesem Unfall ließ ich mich scheiden und zog zu meiner Ina nach Lößnitz. Sie war immer für mich da gewesen und ich verdanke ihr einfach alles. Sie und mein Kollege K. haben sich um mich gekümmert, als ich ganz unten war und nicht wusste, wie es weitergehen soll. Wir richteten uns eine schöne Wohnung ein und begannen beide ein ganz neues Leben.

Auf der einen Seite habe ich wunderbare Menschen kennengelernt, auf der anderen Seite bekam ich eine Lektion in Fürsorge und Nächstenliebe. Wenn

Menschen in unserem System nicht mehr so funktionieren wie sie sollen, dann werden sie ganz schnell fallengelassen und abgeschoben. Unsere Chefs schmücken sich gerne mit unseren guten Leistungen, sind aber völlig hilflos, wenn etwas nicht nach ihren Vorstellungen funktioniert. Soziale Kompetenz sollte unbedingt wieder an Hochschulen gelehrt werden, damit eine Führungskraft auch eine ist.

Vonseiten der Gewerkschaft hatte ich während meiner Genesungszeit einmal Besuch und bekam einen Walkman geschenkt, den ich aber nicht bedienen konnte, weil meine Hände in Gips oder in dicken Verbänden steckten. Für mich war er völlig wertlos. Den zweiten Besuch, im Krankenhaus, bekam ich von einem Pfarrer. Dieser wollte mit mir über den Tod meines Kollegen reden und ich musste ihn erst einmal aufklären, dass mein verstorbener

Kollege nicht so geheißen hat, wie er dachte und mir erzählte. Es reicht nicht helfen zu wollen, man muss es auch können. Er wollte sicher helfen und mir beistehen, ich merkte aber, dass er mit den Gedanken ganz woanders war und bat ihn, doch bitte zu gehen. Ich konnte sein Gerede nicht ertragen. Dass ich Schuld auf mich geladen habe und nun mit dieser leben muss, habe ich selbst gewusst, und das ist bis heute so.

Nun kam die Polizeiführung ins Spiel und besuchte mich in meinem Jammertal. In Begleitung des Polizeiführers befand sich ein Schreiberling der Presse und einige Beamte, die mir alle völlig unbekannt waren. Es wurden Fotos gemacht und mir wurden viele Fragen gestellt, die ich aber nicht beantworten konnte oder wollte. Es wurde mir versichert, dass ich noch gebraucht werde im Polizeidienst und schnell wieder gesund werden soll.

Die Polizeiführung steht hinter mir und hilft mir mit allen Mitteln. Sorgen um meine berufliche Zukunft solle ich mir nicht machen. Ein paar Wochen später wurde mir ein Schriftstück übergeben. Der Wortlaut in diesem Machwerk war erfunden und unwahr. Ich legte Widerspruch ein und übergab meine Angelegenheiten einem Anwalt. Damit begann eine schlimme Zeit, und ich erfuhr, dass ich meine Schuld zugegeben haben soll und mit meiner Unterschrift bestätigt hatte. Wie ich dieses Papier unterschrieben habe, kann mir bis heute niemand sagen. Ich konnte nicht schreiben, weil meine Hände nicht zu gebrauchen waren und in Gips oder Binden steckten. Daraufhin wurde ein Ermittlungsverfahren gegen mich eröffnet und es begann eine Zeit der Verhöre, Untersuchungen und Arzttermine. Ich war oft am Ende meiner Kraft und hab nur mithilfe von meiner Ina und meines Kollegen K. diese Zeit überstanden. Ich musste lernen, mit meiner Schuld umzugehen und weiterzuleben. Ich hätte Liebe, Zuspruch, Kollegialität gebraucht. Von dienstlicher Seite habe ich nichts dergleichen bekommen, eher das Gegenteil. Nun, ich habe durchgehalten und das Verfahren wurde gegen eine Zahlung von 60 Tagessätzen zu je 100 DM eingestellt. Auflage war aber, dass ich das Geld innerhalb einer kurzen Frist zahlen musste. In meiner damaligen Situation war das für mich unmöglich. Ich stellte einen Antrag auf finanzielle Unterstützung beim Polizeihilfsverein und dachte wirklich, dort Hilfe zu bekommen. Ein hoher Beamter der Polizeidirektion Aue, einer der wenigen Menschen, die mir halfen, organisierte ein Treffen. In seinem Büro fand die Zusammenkunft statt. Ich lernte zwei Vertreter dieses Vereins kennen. Ich trug ihnen mein Anliegen vor und hatte große Hoffnung auf Hilfe. Ich machte ihnen klar, dass ich am Ende war und sehr auf ihre Solidarität baute. Was ich von den beiden Herren bekam, war keine Hilfe, sondern folgende Worte: „Sie haben den Tod eines Menschen zu verantworten und das Ansehen der Polizei durch ihr leichtsinniges Handeln schwer beschädigt. Solche Beamte wie Sie sind eine Schande und gehören nicht in die Reihen der Polizei. Sie bekommen von uns keinen Pfennig, von uns haben sie keinerlei Hilfe zu erwarten." Weiter konnte er mich nicht beschimpfen, die beiden Herren wurden vom Dienststellenleiter aufgefordert, sofort sein Zimmer und die Dienststelle zu verlassen. Mit sehr verdutzten Gesichtsausdrücken verließen sie die Räumlichkeiten. Ich war keinen Schritt weiter und fühlte mich sehr verlassen und elend. Durch einen Kredit, den ich zu meinem Glück kurzfristig gewährt bekam, gelang es mir, meine Schulden und Verbindlichkeiten zu bezahlen.

Damit war die strafrechtliche Seite meiner Untat gesühnt und ich galt nicht als vorbestraft.

Man könnte denken, dass die Sache nun endlich vorbei war. Ich hatte gehofft, dass ich endlich zur Ruhe komme und es mir irgendwie gelingt, das Geschehene zu verarbeiten. Leider war dem nicht so. Jetzt ging die Sache erst mal richtig los. Es wurde ein Dienstaufsichtsverfahren gegen mich eröffnet. Das Ziel dieses Verfahrens war es, mich aus dem öffentlichen Dienst zu entfernen, so stand es in der Anklageschrift, die mir zugestellt wurde. Ein Sonderermittler wurde eingesetzt und es begann die schlimmste Zeit in meiner Berufslaufbahn. In den nächsten vier Jahren wurde ich befragt, verhört, untersucht und vor Ärztekommissionen gezerrt. Mein Leben hatte etwas von einer Hölle und ich sehnte mich doch nach Ruhe und Frieden, damit ich das alles verarbeiten konnte. Mir ging es nicht gut.

Ich glaube, die Herren hatten nicht mit meinem Durchhaltewillen gerechnet und wie zielstrebig ich sein kann. Sie veranstalteten Sporttests mit mir und waren sicher überrascht, dass ich diese Tests alle mit guten Ergebnissen bestand. Sie mussten mich wieder voll dienstfähig schreiben. Das Verfahren gegen mich wurde eingestellt. Ich hatte es diesen Herren gezeigt und war doch verloren. Wie es in mir aussah, kann ich nicht beschreiben. Ich stürzte mich in die Arbeit und hoffte, dadurch all meine Probleme in den Griff zu bekommen. Ich konnte keine Nacht durchschlafen, hatte sehr mit meinen Schuldgefühlen zu kämpfen und wollte oft vor Scham im Boden versinken. Mein Herz, meine Seele waren in diesem Autowrack gefangen und ich wusste nicht, wie ich

mit dieser Schuld und Scham
weiterleben sollte.

Mein verlorener Kampf

Durch viel Arbeit, mein Training und dem Glück, eine neue Familie zu haben, hoffte ich, die Hilfe zu erhalten, die ich brauchte, um mein Leben wieder in den Griff zu bekommen. Am Anfang war das auch kein schlechter Plan. Die Brutalität meiner Kindheit, die Trauer um meine Paola, der Selbstmord meines Schwiegervaters und die fürchterlichen Folgen meines Unfalls konnte ich eine lange Zeit aus meinem Leben verdrängen. Mich wirklich mit diesen Katastrophen zu beschäftigen, zu trauern und das alles zu verarbeiten, brachte ich allerdings nicht fertig. An Schlaf war nicht zu denken, immer wieder derselbe gruselige Alptraum. Ich kämpfte wie ein Löwe und hatte doch keine Chance. Das ging so weit, dass ich im Schlaf um mich schlug und meiner Ina dadurch sehr weh tat. Ich wusste mir keinen anderen Rat und richtete mir einen anderen Raum ein, in dem ich schlief. Dadurch konnte meine Familie wenigstens in Ruhe die Nacht verbringen. So vergingen einige Jahre und ich war willensstark genug, um alles unter Kontrolle zu behalten. Und doch merkte ich, dass ich immer ungerechter und aufbrausender wurde. Ich regte mich über Kleinigkeiten auf und sonderte mich immer mehr von denen ab, die ich brauchte und die mich liebten.

Anfang des Jahres 2010 wurde ich nach Chemnitz, zur Autobahnpolizei, versetzt. Unsere Einheit in Stollberg wurde wegen Personalmangels aufgelöst und die Mitarbeiter wurden dort eingesetzt, wo gerade Not am Mann war. Mein neuer Chef hatte ein Problem mit mir und konnte mich von Anfang an nicht leiden. Woher ich das weiß? Nun hatte ich also auch noch Ärger auf der Arbeit, etwas, das ich in Stollberg nicht kannte, und das

Fass wurde immer voller und eines Tages lief es über.

Nach etwa vier Jahren des Spießrutenlaufes in Chemnitz, mein Chef hatte mich mit seinem Mobbing völlig zermürbt, musste ich mal wieder zum Strafrapport. Ich holte meinen Kollegen, weil ich zu keinem der Gespräche allein gehen wollte, schon um einen Zeugen zu haben. Wir mussten uns setzen und ich durfte mir folgende Infos anhören: „Norbert, ich möchte dir sagen, du bist sehr faul und darum sehe ich unter keinen Umständen eine Zukunft für dich in meiner Dienststelle." Woher er seine Erkenntnis hatte oder was der Anlass für diese Aussage war, weiß ich bis heute nicht. Jeder Mensch, der mich kennt, würde schwören, dass ich nicht faul bin und niemals in meinem Leben auch nur einen Tag faul war. Ich war wie vor den Kopf geschlagen und spürte Wut in mir aufsteigen. Ich sagte ihm, dass er seinen

Mund halten soll, weil ich ihm sonst sehr wehtun würde. Er sprang auf und verließ mit hochrotem Kopf das Zimmer. Über den Flur laufend rief er um Hilfe. Er hatte die Absicht, ein paar Kollegen zusammenzutrommeln, um mich aus seinem Zimmer zu schaffen. Er wollte mich wohl festnehmen lassen. Keiner wollte ihm helfen, als sie hörten, wen sie festnehmen sollten. Mein Kollege redete auf mich ein und nahm mich in seine Arme. Er beschwor mich, keine Dummheit zu machen und mitzukommen. Er schaffte es, mich in sein Zimmer zu bringen. Ich weiß nicht mehr genau, was dann noch geschah, aber er hat mich davon abgebracht, diesem Menschen Gewalt anzutun. Ich saß in seinem Zimmer und wusste nicht mehr weiter, ich hatte keine Kraft mehr und wollte nicht mehr kämpfen. Es erschien mir eine gute Idee zu sein, mir meine Pistole in den Mund zu stecken und in mein Paradies zu gehen. Das war der Moment, an dem ich merkte, dass ich mir dringend Hilfe suchen musste, weil sonst etwas Furchtbares passieren würde. Ich war am Ende angelangt, mein Kampf war zu Ende. Kein Licht, keine Hoffnung und kein Morgen schien es für mich zu geben, nur tiefe Dunkelheit, Verzweiflung und Kälte.

Ich ging nach Hause und ließ mich krankschreiben. Mit meinem Hausarzt besprach ich meine Situation und er überwies mich zu einem Psychotherapeuten. Was das bedeutete oder wie mir so ein Therapeut helfen soll, davon hatte ich keine Vorstellung. Ich machte mich auf, um mir helfen zu lassen und erwartete eine schnelle Hilfe, mein Oberstübchen aufzuräumen kann ja wohl nicht so lange dauern.

Ich suchte mir eine Adresse in meiner Heimatstadt heraus und machte in der Praxis einen Termin. Eine Ärztin nahm sich meiner an und wir hatten ein

Gespräch, das für mich sehr schön war, weil ich mich in ihrer Gegenwart sehr wohlfühlte. Sie teilte mir aber leider mit, dass sie nicht mit mir arbeiten kann. Ich bekam eine Liste von ihr. Es waren alles Adressen von Kollegen ihrer Zunft, die sehr gut sein sollten. In den nächsten Monaten klapperte ich einige der Praxen auf der Liste ab. Bei keinem der dortigen Ärzte fühlte ich das, was ich bei meiner ersten Ärztin gefühlt hatte. Schließlich saß ich wieder bei ihr auf dem Stuhl und jetzt schickte sie mich nicht mehr fort. Ich weiß heute, dass mich mein göttlicher Vater zu dieser Frau geschickt hat.

Ab dem 10. 03. 2014 habe ich mit meiner Ärztin mein Leben aufgearbeitet und von ihr etwas über Trauer, Schuld und Vergebung gelernt. Die folgenden Jahre waren sehr schwer, ich hätte nie gedacht, wie anstrengend es ist, so eine Therapie zu machen. Ich war körperlich oft völlig am Ende. Zum ersten Mal in meinem Leben war ich in der Lage, mit meiner Mutter zu reden, diese Rolle nahm meine Ärztin ein, um mir zu helfen. Ich durfte die Liebe einer Mutter spüren und in dieser Liebe leben. Eine Zeit lang hatte ich die beste Mama der Welt. Sie formte aus mir, einem verängstigten Kind, langsam und geduldig einen Mann, der wieder im Leben stand. Woher sie diese Kraft und Freude an ihrer schweren Arbeit nahm, blieb mir lange Zeit ein Rätsel. Ich weiß nicht mehr, wann, aber eines Tages sprachen wir über Gott und ihren Glauben. Für mich waren Christen nicht die Menschen, zu denen ich gehören wollte. Meine Neugier war aber geweckt und es dämmerte mir, dass ich vielleicht nicht genug wusste, um über diese Menschen eine Meinung zu haben. Ich wollte mehr wissen und die Quelle der Liebe kennenlernen, die meine Ärztin so versprühte. Ihre Augen strahlten und leuchteten, wenn sie von ihrem Vater (Gott) sprach. Sie zeigte mir eine Welt, in der es normal ist, sich zu Lieben. Ich wurde mit Zuneigung und Achtung in meiner neuen Gemeinschaft aufgenommen. Kein Mensch ist besser oder schlechter, wir sind alle Kinder unseres Vaters. Ich bekam einen neuen Anfang geschenkt und bin auf meinem Weg zu dem Vater, meinen Gott. In meiner Dunkelheit wurde mir ein Licht geschickt und mir göttliche Liebe geschenkt. Aus meinem verlorenen Kampf wurde ein wunderbarer Anfang.

Die alte Tante JU und ihr Pilot (Der Vater meiner Frau Ina)

Zu den Menschen, die mein neues Leben sehr beeinflusst haben, zählt mein Schwiegervater Gerhard. Gerhard wurde von unserer Familie immer Opa genannt und das werde ich in Folge auch so beibehalten. Er ist ein Mann gewesen, der meiner Vorstellung von einem Vater sehr nahekam. Ich war eigentlich immer auf der Suche nach einem Vater, darum habe ich mich bestimmt so gut mit ihm verstanden. In seinem Garten machte ich oft Heu mit ihm, das brauchte er für seine Hasen. Er wunderte sich, dass ein junger Mann wie ich so gut mit der Sense umgehen konnte. Mein Lehrausbilder, der mir das alles beigebracht hatte, legte viel Wert darauf, dass ich mir auch Fähigkeiten aneignete, die nicht im Lehrplan standen. Nach getaner Arbeit saß ich oft mit Opa stundenlang auf der Gartenbank und er berichtete aus seinem Leben. Was das für ein aufregendes Leben war, einfach unglaublich. Gelernt hatte er den Beruf eines Fahrzeugmechanikers. Eine seiner Aufgaben bestand darin, die Personenkraftwagen, die verkauft werden sollten, einzufahren. Sie mussten eine bestimmte Anzahl an Kilometern zurückgelegt haben, das war damals so. Opa hatte diese Aufgabe sehr viel Spaß gemacht, er ist dadurch in ganz Deutschland herumgekommen und hat sein Fernweh stillen können. So hat er große Teile seines schönen Vaterlandes kennengelernt. Er machte später in der Armee die Ausbildung zum Flugzeugführer und war eine lange Zeit mit einer JU 52 unterwegs. Nach Ausbruch des Krieges wurde er umgeschult und musste ein Bombenflugzeug fliegen und das auch noch an der Ostfront. Im Rahmen seiner

Einsätze wurde er viermal abgeschossen und dabei auch schwer verletzt. Stolz war er, dass er als Pilot mit seiner Maschine immer notlanden konnte und nicht ein Besatzungsmitglied verloren hat. Fast am Ende des Krieges, es waren nur noch ein paar Wochen bis zur Kapitulation der deutschen Armee, wurde er über feindlichem Gebiet abgeschossen und gefangen genommen. Er hat es fertiggebracht, fünf Jahre in einem Steinbruch, in dem er schuften musste, zu überleben. Er rauchte nicht und hatte seine Zigaretten gegen Lebensmittel und Kleidung eingetauscht. Er hat mir erzählt, dass ihm russische Frauen Lebensmittel zugesteckt haben. Sie wären schwer bestraft worden, hätte man sie erwischt. Das Verhalten dieser Frauen hatte ihn tief bewegt. Wir haben diesen Leuten so viel Leid angetan und Bomben auf sie geworfen und sie riskieren ihr Leben, um uns zu helfen, was für Frauen. Oft sprach er nicht über den Krieg und ich konnte spüren, dass er sich schämt. Seine Taten bereute er und ich bin froh, dass ich mit ihm darüber reden konnte, es hat ihm gutgetan. Ich habe ihm von meinen Einsätzen in der SU erzählt und es gab Gegenden in diesem riesigen Land, die wir beide kannten. Ich finde es schade, dass solche Lebensgeschichten nicht erhalten bleiben und irgendwann in Vergessenheit geraten und verloren gehen. Sein Leben war so schön, wie er immer wieder sagte, und wenn ich jetzt ein paar Zeilen schreibe, bleibt vielleicht etwas in Erinnerung und wird nicht ganz vergessen.

Opa hatte ein Fahrrad, dass er immer dabeihatte, seit seiner Lehre. Es begleitete ihn durch sein ganzes Leben und steht heute bei uns im Garten als ein Stück Erinnerung an unseren Opa. Er ist 2017 gestorben, mit 97 Jahren, und ich hatte das große Glück, ihn zu kennen. Solange ich ihn gekannt habe, hörte ich nie ein böses Wort oder eine Klage von ihm. Immer wenn ich an ihn denke, habe ich ein Lächeln im Gesicht und spüre tiefe Liebe in mir. Ich weiß nicht, ob er ein Christ war oder wie er zum christlichen Glauben stand. Was ich weiß, ist, dass er ein warmherziger, liebenswerter und aufrichtiger Mann war. Ich hoffe, dass er bei meinem Vater ist und in Ewigkeit die Liebe meines Gottes spürt.

Gerhard mit seiner JU 52 (etwa 1938)

Wie kann ich Gott finden

Nach einiger Zeit wurde ich von meiner Ärztin zu einem Hauskreis eingeladen und hatte nur eine vage Vorstellung, was das sein sollte. Sie hatte mir schon einiges erzählt und versucht, mich ein bisschen vorzubereiten. Nun saß ich auf meinem Stuhl und blickte voll Neugier in die Runde. Alle freuten sich, dass ich da war, und das Klima war sehr angenehm und freundlich. Wir stellten uns einander vor und ich lernte so meine neuen Freunde kennen. Nach einem leckeren Essen wurde gebetet und dann Bibel gelesen. Ich wusste natürlich, was die Bibel ist. Was aber in diesem Buch geschrieben stand, war für mich schwer zu verstehen. Wie sich herausstellte, nicht nur für mich. Ich hatte viele Fragen und gab mir viel Mühe mit diesen Texten. Die Familie, in deren Haus wir uns immer trafen, besteht aus wunderbaren Menschen, die ihr Heim öffneten, und mir und den anderen Hauskreislern eine sichere Heimstadt für unsere Zusammenkunft geben. Uwe und

Conny, so heißen die Hausherren, sind heute zwei der besten und liebsten Freunde, die ich kenne. Ein weiterer Mann, den ich kennenlernte, ist mein Achim. Was er durchmachen musste, ist mir nur teilweise bekannt und doch spürte ich eine tiefe Traurigkeit in ihm. Er ist ein toller Musiker und spielte ein wunderbares Lied. Diese Erfahrung werde ich nie vergessen, sie hat mich sehr bewegt und geprägt. Er sang und spielte das Lied „Ich brauch ein Wunder" und das mit so viel Schmerz und Sehnsucht in der Stimme, wie ich es noch nie gehört hatte. Ich konnte nicht verstehen, wie ein Mensch, der so etwas bringt, so tief verzweifelt sein konnte. Ob ich damals eigentlich schon genau wusste, was der Glaube ist, kann ich nicht mehr sagen. Ich hatte sehr viel Schmerzen in meinem Herzen, wenn ich Achim zuhörte und er von seinen Zweifeln berichtete. Ein weiterer Teilnehmer an dieser Runde war ein junger Mann. Was er zu durchleiden hatte und hat, kann ich bis heute nicht so richtig verstehen. Pierre hat einen scharfen

Verstand und kann alles bis zurück zur Schöpfung lückenlos erklären. Seine Suche wird wohl noch lange dauern und ich hoffe, dass er von meinem Vater den Weg gezeigt bekommt, den er sucht. Helfen kann ich ihm nur, indem ich ihm meine Liebe schenke und Hilfe anbiete, wenn er sie brauchen sollte. Das andere muss mein Vater mit ihm machen, das wünsche ich mir und dafür bete ich.

Was mir sehr geholfen hat, ist die Tatsache, dass meine Frau nichts dagegen hatte, wenn ich an den Freitagabenden zu meinem Hauskreis ging. Sie hat gespürt, dass es mir gutgetan hat und ich mich wirklich geändert habe. Meiner Ina etwas von meinem Vater zu erzählen, ist nicht einfach. Sie hat keinen Kontakt mit dem Buch der Liebe (Bibel) gehabt. Wenn es meinem Papa gefällt, wird er ihr von Jesus und seinem Leben erzählen und wenn ich sein Werkzeug für diese Aufgabe sein soll, werde ich mich darüber freuen. Wie es dazu gekommen ist, dass ich in der Liebe meines Vaters lebe, möchte ich jetzt berichten.

An einem der Hauskreisabende sprachen wir über die Suche nach Gott und ob man seinen Glauben verlieren kann. Ein Thema war auch, wie man seinen Glauben festigen kann. Verstanden habe ich nicht viel und stellte so manche Frage. Mit den Antworten wurde ich nicht so richtig glücklich und konnte nicht diese Nähe meines Vaters (Gott) spüren. Conny sagte mir, dass es da ein Buch gibt von einem Torsten Hebel mit dem Titel „Der Freischwimmer". Sie gab mir dieses Buch und ich las es in den nächsten Wochen. Manches musste ich zweimal lesen und dann hatte ich ein unglaubliches Treffen mit meinem Papa. Torsten schreibt in seinem Buch, dass er immer auf der Suche nach Gott war, und sich anstrengte, alles richtig und gutzumachen, was er dachte, dass Gott gefällig ist. Eines Tages spürte er, dass er nicht mehr glauben kann. Mit vielen seinen Wegbegleitern führte er Gespräche und Diskussionen über dieses Thema und landete zum Schluss bei der Erkenntnis: Ich muss Gott nicht suchen, er war und ist schon immer da. Ich muss mich nur zu ihm bekennen und in seiner Liebe leben, die er mir uneingeschränkt und immer schenkt. Ich bin sein geliebtes Kind und durch seinen Sohn (Jesus) ist es mir möglich geworden, mich auf den Weg, meinen Weg zu meinem Vater zu begeben, der mich zurück in seine Arme bringt. Sollte es so einfach sein? Ich habe zum ersten Mal in meinem Leben mit meinem Herzen gebetet. Ich habe meinen Papa gebeten meine Last zu tragen. Ich sagte ihm, dass ich ihn liebe und mein Leben mit ihm verbringen will. Ich kniete mich vor ihm nieder und habe alles Schwere und Bedrückende vor ihn hingelegt. Er hat mir aufgeholfen und ich fühlte mich befreit und geliebt. Ich wusste jetzt, dass ich schon immer in seiner Hand war und nie alleine mit meinem Kummer gewesen bin. Ich musste mit jemanden darüber reden und fuhr zu Conny. Ich sprudelte mein Erlebnis heraus und hatte ein gutes Gespräch mit ihr. Es mag unglaublich klingen und es ist für mich ein Wunder, aber ab diesem Tag hatte ich keinen Alptraum mehr und schlafe wie ein Baby. Als ich vor ihm gekniet habe, hat er mir aufgeholfen und mich in seine Liebe gewickelt, in der ich nun durch mein wunderbares Leben gehen darf. Versteht mich nicht falsch, ich weiß immer noch um meine Schuld und spüre auch noch Scham und Schmerz. Ich weiß aber, dass durch die Taten meines Jesus, der meine Schuld für mich gesühnt hat, der Weg zu meinem Papa frei ist und ich ihn gern gehen will. Das ist mein Glaube und nichts ist sicherer und beständiger als dieser Glaube für mich in dieser unruhigen Welt. Mein Hauskreis ist für mich einer der wichtigsten Orte geworden. All die Anstrengungen und Mühen, die wir uns auferlegen, um im Glauben stark zu werden, sind bestimmt gut gemeint und für manchen auch ein Mittel, anderen Christen ihre Gläubigkeit zu zeigen. Für mich ist die Liebe meines Papas das Wichtigste und wie ich mit dieser Liebe anderen Menschen oder auch Tieren eine

Hilfe oder ein Trost sein kann. Wir sollen Leuchttürme sein und sein Licht in die Welt scheinen lassen, um anderen Menschen, die in der Dunkelheit sind, den Weg zu zeigen.

Wie entsteht Angst

Jetzt, da es mir gelungen ist, mein Leben in der Liebe meines Vaters zu leben, verändert sich die Welt. Die Richtung, in die sie sich verändert, ist allerdings nicht gut. Ich lebe in einer Welt, in der das Böse wieder auf dem Vormarsch ist und versucht, die Liebe durch Hass und Angst zu ersetzen. Ich habe mich gefragt, warum viele Menschen nicht das Gute in dieser Welt sehen. Friede, Wohlstand und Glaubensfreiheit sind für uns selbstverständlich. Niemand verfolgt mich, weil ich ein Christ bin. Ist es uns in der Menschheitsgeschichte schon mal so gut gegangen wie heute? Ich werde versuchen, aus meiner Sicht, der eines Polizisten, eines Christen und eines deutschen Bürgers zu beschreiben, wie die Angst in mein Herzen gekommen ist. Wodurch ist sie so groß geworden und hat ihre lähmenden Schwingen über unser Land ausbreiten können? Wovor habe ich eigentlich Angst? Wem nützt es, wenn sich Angst und ihre Begleiter, der Hass und die Zwietracht, unter den Menschen verbreitet? In meinem Beruf konnte ich diesen Prozess gut verfolgen und beobachten.

Ich wurde nach meiner Zeit in der Nationalen Volksarmee der DDR ein Feuerwehrmann und dann ein Polizist. Meine Ausbildung war gut und die Motivation zu meinem Schritt zur Polizei zu gehen, war, dass ich Menschen helfen wollte, und gutes Geld konnte man auch verdienen. Damals hatte ein diensthabender Polizist immer die Möglichkeit, auf die Hilfe von Kollegen zu setzen, weil damals selbst die Nachtschichten personell gut besetzt waren. Die Männer und Frauen der Polizei hatten nur selten Angst bei ihrer Arbeit und konnten sich auf ihre Vorgesetzten in dienstlicher Hinsicht immer verlassen. Den Menschen in unserem Land war es immer möglich, egal ob Tag oder Nacht, mit einem Polizeibeamten Kontakt aufzunehmen. Die öffentliche Ordnung und Sicherheit war nie in Gefahr. Unsere Aufgaben mussten wir genauso erledigen wie unsere Kollegen im westlichen Teil Deutschlands. Ich habe nicht einmal erlebt, dass ich in irgendeiner Weise Druck von meinen Vorgesetzten bekommen habe, was meine politische Einstellung betraf. Ich war aber auch nicht so blauäugig zu glauben, dass ich machen kann, was ich will. Als Polizeibeamter bin ich immer den Bürgern meines Landes verpflichtet. Genauso legte ich einen Eid ab auf die Verfassung des Staates, in dessen Dienst ich stehe.

Nach der Wende wurde die Polizei der DDR umgebaut, ich musste eine Umschulung durchlaufen und meinen

Beruf völlig neu erlernen. Es war eine schwere Zeit für alle, die sich trauten, weiterhin diese Arbeit auszuüben. Das es zu viele Polizisten gibt, war uns nicht bewusst, wir hatten alle Hände voll zu tun. Die Akzeptanz in der Bevölkerung war nach der Wende nicht gerade gut und es gab viele Probleme mit der Technik und Ausrüstung. Nun stellten einige schlaue Köpfe in unserer Regierung fest, dass es zu viele Staatsdiener in Sachsen gibt. Ein Gutachter wurde damit beauftragt, einen Plan zu erarbeiten, um das zu ändern. Mit uns ostdeutschen Polizeibeamten von der Straße hat natürlich keiner geredet. Viele Chefs, die uns der Westen bescherte, sollten uns zeigen, wie effektiv gearbeitet wird. Für viele von ihnen waren wir sowieso nur alte „Stasibullen", die keine Ahnung von Demokratie und Polizeiarbeit hatten. Was auch sehr erstaunlich war, ist die Tatsache, dass plötzlich viele unserer alten Führungskräfte wieder auftauchten, obwohl sie zur Wendezeit plötzlich „unsichtbar" geworden waren. Sie erklärten uns, dass sie schon immer gewusst hatten, dass sich an diesem maroden System der DDR alles ändern muss, und waren plötzlich zu ganz neuen Einsichten gekommen. Es geschahen viele „Wunder" in dieser Zeit. Es gab eine neue Spezies von Menschen, die sogenannten Wendehälse. Ein Merkmal dieser Gattung ist die Fähigkeit, sich um 180 Grad drehen zu können. Wenn man sie fragte, warum sie plötzlich einen Fisch am Auto haben, sagten sie, um einen Lackschaden zu verdecken oder so etwas. Mir kam es so vor, als hätten sie einen Dachschaden.

Nach einigen Monaten wurde ein Gutachten vorgelegt und wir erfuhren, dass wir Schutzpolizisten nichts zu tun hätten und mit dem Streifenwagen auf „Urlaubstour" durch unseren Bereich fahren würden. Diese Erkenntnis war für uns sehr unglaubwürdig und überraschend. Ich habe es genau andersherum erlebt und mir oft gewünscht, mehr Zeit für meine Arbeit zu haben. Es wurden im Landtag Gesetze beschlossen, um den Polizistenüberschuss abzubauen. Viele Polizeireviere und Polizeiposten wurden geschlossen. Es gibt ganze Regionen in unserem Land, in denen es einem Bürger nicht mehr möglich ist, mit einem Polizisten Kontakt aufzunehmen. Dazu muss er in die nächstgrößere Stadt fahren. Sollte ein Mensch schnell Hilfe brauchen, dann musste er sich damit abfinden, dass es etwas länger dauert, bis ihm geholfen wird. In der Fläche, so heißt das im Beamtendeutsch, ist es nicht notwendig, eine ununterbrochene Polizeipräsenz aufrechtzuerhalten. Viele hundert Stellen wurden nicht mehr mit neuen Beamten besetzt und dadurch stieg der Altersdurchschnitt stark an. Ich habe es erlebt, dass zusammengefasst weit mehr als 220 Jahre Berufserfahrung und Lebensjahre in einem Polizeiauto saßen, obwohl sich nur vier Beamte in ihm befanden. Ganze Bereiche wurden so stark reduziert, dass sie heute nur noch in Resten bestehen. So gibt es die Verkehrspolizei nur noch auf dem Papier und der Kontrolldruck auf unseren Straßen ist fast völlig zusammengebrochen. Ein geregelter Dienst wurde fast unmöglich. Wie mit Beamten umgegangen wurde, denen etwas passierte, das nicht in den Plan der Führung passt, habe ich schon geschildert. Die Prävention, die immer ein wichtiger Teil unserer Polizeiarbeit gewesen ist, wurde abgeschafft und unter den dicken Schenkeln unseres Maskottchens, dem Dinosaurier Poldi, begraben.

Durch all diese Maßnahmen seitens der Regierung und der Behörden hatten die

Bürger unseres Landes nicht mehr das Gefühl, sicher und geborgen leben zu können. Und was entsteht aus so einem Gefühl der Unsicherheit und der Hilflosigkeit? Es beginnt die Angst. Angst vor Überfällen, vor Autodieben, die nie gefasst werden, Angst vor allem Fremden und Unbekannten. Jetzt kommen noch Halbwahrheiten und Lügen dazu, die über soziale Netzwerke verbreitet werden. Die Menschen sehen sich nach Hilfe um und werden natürlich jedem, der ihnen verspricht, etwas gegen diese Missstände zu tun, nachlaufen und sich seinen Argumenten zuwenden. Dabei ist es den Leuten völlig egal, wer ihnen verspricht zu helfen. Protestieren ist ganz einfach, ich muss nicht nachweisen, dass ich etwas ändern kann, das Versprechen reicht erst einmal. Es wurden Bürgerwehren gegründet, weil die Menschen kein Vertrauen mehr in die staatlichen

Institutionen hatten, sie sorgten eben selber für Ordnung und Sicherheit.

Ab 2015 wurde es richtig aufregend in unserem Land. Durch Krieg und Vertreibung machten sich Millionen Flüchtlinge auf den Weg nach Europa. Ich hatte, wie viele meiner Kollegen, die Hoffnung, dass es auf Regierungsebene einen ausgearbeiteten Plan für solche Fälle geben muss. Doch die Wirklichkeit sah ganz anders aus. Eine Zeit des absoluten Chaos brach an. Polizeiarbeit wurde fast unmöglich und gefährlich, da keiner wusste, wer alles in unser Land eingereist war. Keiner hatte auch nur eine vage Vorstellung von dem, was nun beginnen sollte.

Dass den Flüchtlingen geholfen werden musste, steht für mich außer Frage. Es war abzusehen, was geschehen wird, wenn in großen Millionenstädten gekämpft wird, wenn Bürgerkriege ausbrechen, sodass die Bevölkerung fliehen muss, um ihr Leben zu retten. Nun waren sie da und unsere Regierung hatte gesagt, wir schaffen das, alle, die zu uns kommen, werden wir aufnehmen. Die Grenzen wurden geöffnet und es kamen Millionen. Die nur noch in Resten vorhandene Polizei hatte keine Möglichkeit festzustellen, wer da kontrolliert wurde. Fast keiner der Geflüchteten hatte Ausweispapiere und viele sprachen kein Wort Deutsch. Was haben unsere Politiker erwartet, was passiert? Die Europäische Union gab ein Bild von völliger Uneinigkeit ab und konnte sich auf kein einheitliches Vorgehen einigen. Viele Bürger unseres Landes halfen, wo immer es ging, und standen doch auf verlorenem Posten. Ehrenamtliche Helfer gab es sehr viele und menschliches Handeln war weitverbreitet. Doch planloses Agieren seitens vieler Verantwortlicher machten nichts besser, im Gegenteil. Dumpfe Gestalten krochen aus ihren Löchern und witterten Morgenluft. Nationalisten und Faschisten hatten leichtes Spiel und verbreiteten Gruselgeschichten. Sie nutzten die Gunst der Stunde, um Angst zu verbreiten. Unsere völlig überforderte Regierung versuchte zu retten, was zu retten ist, und konnte den angerichteten Schaden nicht mehr beheben. Wer kommt mir da auf der Straße entgegen? Was hat der für Absichten und was mache ich, wenn der mir ans Leben will? Am besten, ich gehe in der Nacht nicht mehr auf die Straße. Meine Kinder dürfen nach der Schule nicht mehr alleine nach Hause gehen, ich hole sie lieber ab, weil ich Angst um sie habe. Das haben uns Bürger erzählt, wenn wir mit ihnen sprachen und sie uns ihre Sorgen mitteilten. Nun war sie also da, die Angst, und ich werde wohl nicht lange genug leben, um zu sehen, dass sie wieder verschwindet. Es gibt heute wieder Parteien, die vom deutschen Blut und vom völkischen

Willen reden. Sie versprechen, mit diesen Arabern und Juden, all diesen Ausländern, aufzuräumen und dem deutschen Volke wieder zu seinen Rechten zu verhelfen. Haben wir schon vergessen, wohin uns diese Gesinnung schon einmal gebracht hat? Ich hoffe nicht.

Als Christ wünsche ich mir, dass nicht die Angst und der Hass die Oberhand gewinnen, sondern die Liebe und Hilfsbereitschaft. Wir alle zusammen können es schaffen, dass diese Welt für alle Menschen lebenswert und sicher ist. Lesen wir alle zusammen die Bergpredigt und sprechen über ihren Sinn in der heutigen Zeit, ich glaube, das würde uns allen sehr gut zu Gesicht stehen. Der Egoismus und die Lieblosigkeit der Menschen hat uns bis zu diesem Punkt gebracht, an dem wir uns heute befinden und in dem wir gefangen sind. Halten wir uns doch einfach mal an die Regeln, die uns unser Vater in der Bibel mitgegeben hat.

Helfen kann uns nur die Liebe und ein mitfühlendes Herz, denn wenn ich den anderen so behandle, wie ich erwarte, behandelt zu werden, wird sich etwas ändern und mein Blick wird über meinen Tellerrand hinausgehen. Weit über eine Milliarde Christen leben auf dieser Welt. Doch wenn ich sehe, wie vielen es egal ist, was mit dem anderen geschieht, macht mich das sehr traurig und wütend. Es gibt in Europa tatsächlich Staaten, die zu neunzig Prozent christlich geprägte Einwohner haben und nicht einen Flüchtling aufgenommen haben. Wie war das? Jesus sagt: „Was ihr dem Geringsten getan habt, dass habt ihr mir getan."

Herzenswärme

Auf diesem Bild ist meine Enkeltochter Lene zu sehen. Auf ihrem Arm hat sie unser Schulanfangsgeschenk. Sie hat sich riesig darüber gefreut, weil sie sich eine Katze schon immer sehr gewünscht hatte. Immer wenn sie in die Schule ging und ihre Mama auf Arbeit, blieb die kleine Katze alleine zurück und schaute den beiden traurig hinterher. Das Problem lösten die beiden ganz einfach. Es wurde eine zweite Katze besorgt und nun war die kleine Polli nicht mehr allein. Sie wohnten zum Zeitpunkt, als dieses Bild gemacht wurde, zu viert in einer Wohnung von der Größe einer Briefmarke. Das spielte keine Rolle, den Katzen ging es gut. Wie glücklich sie mit dieser Lösung war, sieht man ihr an, wenn man das Bild betrachtet. Lene ist, solange ich sie kenne, eine Botschafterin der Liebe und des Mitgefühls. Von ihrer Herzenswärme habe ich eine große Menge abbekommen und das hat mich sehr verändert. „Werdet wie die Kinder", sagte Jesus, und bei Lene habe ich begriffen, was er damit gemeint und wie recht er hat.

Bei vielen Gesprächen, die ich in letzter Zeit geführt habe, habe ich leider auch eine ganz andere Einstellung von Menschen kennengelernt. Es ist erschreckend, wie sich Menschen verändert haben, die ich schon lange kenne. Wut ist bei vielen meiner Freunde und Bekannten zu spüren. Wenn ich frage, warum und auf wen sie so wütend sind, bekomme ich fast immer dieselbe Antwort. Die da oben (wer immer das auch sein soll) kümmern sich nur noch um sich selber. Ausländer und Asylanten bekommen dasselbe Geld wie ein Deutscher, obwohl „die" noch nie gearbeitet haben. Unsere Krankenkassen sind total überlastet, weil „die" bessere Behandlungen bekommen als die Deutschen, die ihr Leben lang eingezahlt haben. Deutsche müssen unter der Brücke schlafen und die Ausländer bekommen kostenlos die freien Wohnungen. So lauten einige der Meinungen und es gibt noch einige mehr. Ich frage dann meistens, woher mein Gegenüber sein Wissen hat. Zur Antwort bekomme ich dann: „Das habe ich gehört oder gelesen. Das stand im Internet oder das weiß man doch." Ich habe noch keinen getroffen, dem ein Asylant oder Ausländer etwas weggenommen oder angetan hat. Hat sich in deinem Leben etwas zum Nachteil entwickelt, seit es Flüchtlinge in unserem Land gibt? Allen ging es gut, mit denen ich redete. Alle haben Arbeit und einen guten Verdienst. Sie haben schöne Häuser oder Wohnungen. Die meisten sind kerngesund und ihre Lieben auch. Sie fahren große, teure Wagen und jedes Jahr ein paarmal in den Urlaub. Die Kinder gehen zur Schule und wegen seines Glaubens wurde auch noch nie jemand verfolgt. Was löst also diese Wut aus? Woher kommt diese Unzufriedenheit, ja manchmal richtiger Hass?

Ich meine, das kommt daher, dass ich mit meiner Ansicht und Meinung im Internet jederzeit präsent sein kann. Nichts von dem, was ich dort verbreite, muss stimmen oder wenigstens ein Körnchen Wahrheit enthalten. Lügen und Hasspredigten sind immer und für jeden frei zugänglich. So wird heute Stimmung oder Meinung gemacht und geprägt. Wenn ich eine Lüge oft genug wiederhole, werden viele sie irgendwann für die Wahrheit halten. Wenn man jemandem erzählt, dass es bei uns Menschen gibt, die wie Parasiten auf unsere Kosten leben, und das Ganze mit Beispielen unterlege, wer glaubt das nicht? Wer prüft dann, ob es auch stimmt.

Was kann ich tun, um nicht in solche Denkmuster zu verfallen? Ich habe meinen Glauben und deshalb will ich Menschen helfen, denen es nicht so gut geht wie mir. Da ist es mir egal, woher dieser Mensch kommt oder warum es ihm nicht gutgeht. Hier kommt für mich die Bergpredigt ins Spiel. Jeder Christ kennt sie und weiß, wie schwer es ist, danach zu leben. In meinem Hauskreis haben wir darüber gesprochen und festgestellt, dass uns Jesus hier ganz konkret sagt, wie wir Probleme lösen können. Warum machen wir das nicht? Ich habe in meinem Leben gelernt, meinem Vater zu vertrauen, und erlebt, dass er mich von meinem Elend befreit hat. Ich habe immer gedacht, dass ich ein starker Mann bin und alles schaffen kann, welch grandioser Irrtum. Wir laufen vielen falschen Propheten hinterher, warum? Vor zweitausend Jahren hat uns Jesus Christus gezeigt, wie wir miteinander umgehen sollen. Herzenswärme, Anteilnahme und Liebe sind die Zutaten seines Lebens gewesen. Warum sollen wir nicht auch so leben können und wollen? Das Bild von meiner Lene zeigt mir, wie einfach es ist, ein guter Mensch zu sein. Wenn ihr nicht werdet wie die Kinder, dann könnt ihr nicht zu mir kommen. Das hat unser Vater gesagt und genauso ist es. Ich werde mich auf meinen Vater verlassen und in seiner Liebe leben. Wichtig ist das, was mein Vater will, und wie ich in seinem Namen sein Licht und seine Liebe unter den Menschen verbreiten kann. Sein Wille geschehe und sein Reich komme, das ist mein Glaube und meine Hoffnung. Für mich ist es wirklich so einfach, aber das ist mein Weg und ich wünsche mir, dass mein Vater es all seinen Kindern so zeigt, sein Reich und seine Herrlichkeit.

Das Glück zu glauben

Für mich ist es ein Glück zu glauben. Ich kann mir eingestehen, dass ich nie in der Lage sein werde, irgendetwas endgültig zu wissen oder zu erklären. Wissenschaftler sagen immer, dass wir Menschen durch unsere Erkenntnisse irgendwann in der Lage sein werden, unsere Welt vollständig zu begreifen. Ist das wirklich so?

Es ist noch gar nicht so lange her, da entdeckten schlaue Menschen, dass alles aus Materie besteht. Diese Materie ist aus Atomen aufgebaut und die Atome aus Protonen und Neutronen. Die Naturgesetze wurden beschrieben und die Welt der Wissenschaft war in Ordnung. Neue Teleskope, Teilchenbeschleuniger und Satelliten wurden gebaut. Tausende Wissenschaftler forschten viele Jahre lang, um uns zu erklären, wie die Welt funktioniert. Albert Einstein hatte mit seinen Hypothesen eine ganz neue Sicht auf unsere Galaxis eröffnet. Die Raumzeit und Gravitationswellen wurden rechnerisch vorhergesagt und nach einiger Zeit durch die Forschung gefunden.

Die Annahme, dass sich die Ausdehnung unserer Galaxis verlangsamt und sich irgendwann alles wieder zusammenzieht, weil die Schwerkraft im kosmischen Spiel gewinnt, wurde durch neue Beobachtungen verworfen. Das Gegenteil war der Fall. Die Sterne entfernen sich voneinander, welch eine Überraschung. Neuen Berechnungen zufolge fehlen 25 Prozent der Masse, damit sich unsere Welt so verhält, wie sie es tut. Weil keiner weiß, wie diese fehlende

Materie aussieht, oder was diese überhaupt ist, wurde sie dunkle Materie genannt. Die Berechnungen stimmten wieder, wie schön.

Nun begann die Suche nach dieser seltsamen dunklen Materie. Hunderte Milliarden Dollar wurden ausgegeben und riesige Maschinen entstanden auf der ganzen Welt. Die dunkle Materie blieb verschwunden und keiner weiß, bis heute nicht, wo sie zu finden ist. Kein Mensch hat auch nur eine ungefähre Ahnung, was das sein soll, diese dunkle Materie. Was man allerdings feststellte und bewies, ist, dass sich die meisten Galaxien mit rasender Geschwindigkeit von und weg bewegen. Je weiter sie von uns entfernt sind, umso schneller streben sie auseinander.

Diese Erkenntnis warf wieder alles über den Haufen, was man zu wissen glaubte. Nun fehlten plötzlich siebzig Prozent der Masse unseres Universums, sonst würden die Gleichungen nicht aufgehen. Die Lösung, eine Kraft, die dunkle Energie genannt wird. Als sich alle wieder beruhigt hatten und alles ausgewertet war, wurde den hochgebildeten Wissenschaftlern klar, dass sie nur fünf Prozent der Welt kennen. Keine der aufgestellten Theorien konnte auch nur annähernd unsere Welt beschreiben. Wir wissen heute, dass wir nichts wissen. Nicht einmal die Lichtgeschwindigkeit, der heilige Gral der Physik, ist so konstant, wie man glaubte.

Ich habe die Frage, ob es einen Schöpfer gibt, für mich mit Ja beantwortet. Kein Wissenschaftler wird jemals in der Lage sein, mir zu beweisen, dass es keinen Schöpfer gibt. Ich glaube, dass mein Gott der Schöpfer aller Dinge ist. Sein Wille ist die bestimmende Kraft in unserem Universum. Wir werden nie feststellen können, was außerhalb unserer Welt geschieht, wir können sie nicht verlassen und von außen betrachten. Dass kann nur mein himmlischer Vater. Je größer der Forschungsaufwand, umso mehr reift die Erkenntnis, dass wir immer nur am Rand unserer Kugel kratzen. Weil wir in ihr sind und sie nicht verlassen können, werden wir ihre wahre Größe niemals erkennen können. Unsere Weltkugel wird nur eine von vielen sein, die unser Vater in einem Eimer durch sein Paradies trägt und sich an ihrem Glanz erfreut. Dass ist meine Hypothese und kein Mensch wird sie je widerlegen können. Sie ist genauso wahr wie jede andere.

Für mich ist Gott der Schöpfer und der König dieser Welt. Er herrscht durch seine und mit seiner Liebe. Das ist mein Glaube und meine Gewissheit, in der ich gerne lebe. Viele Menschen können ohne diesen Glauben leben, aber keiner vermag ohne Liebe zu leben. Dass muss mir niemand beweisen, dass kann ich in meinem Herzen fühlen.

Ich hoffe, dass ich mich verständlich ausgedrückt habe. Gott erschuf mich, nicht ich erschuf Gott. Wissenschaftler erhalten den Nobelpreis, wenn sie etwas Unbekanntes, Großes entdeckt haben. Etwas, das die Menschheit voranbringen soll und doch meistens nur benutzt wird, um neue Waffen zu entwickeln. Verleihen wir doch meinem göttlichen Vater diesen Preis für sein Wirken. Er hat uns die Liebe geschenkt, und das, ohne etwas zu verlangen. Folgen wir seiner Einladung und leben mit ihm bis in alle Ewigkeit in seiner Harmonie. Geben wir unsere Mittel aus, um das Leben besser zu machen und nicht, um noch perfekter töten zu können.

Schlusswort

Was für ein Ausdruck und welche Endgültigkeit damit verbunden ist. Etwas geht zu Ende. Ich meine allerdings nur meine Niederschrift und hoffe, dass noch lange nicht Schluss ist mit meinem Leben und ich noch einige Zeit auf dieser wunderbaren Welt „wandeln" darf. Wie höre ich auf zu schreiben? Was habe ich zu Papier gebracht und wird jemand verstehen, was ich sagen will? Hat der Text so etwas wie eine Botschaft? Ich möchte nicht als Schulmeister angesehen werden oder als Besserwisser. Gibt es jemanden, der lesen will, was ich niedergeschrieben habe und erreiche ich etwas in der Welt, ändert sich etwas zum Besseren? Ich hoffe es von ganzem Herzen. Ich nehme mir vor, weiter zu beobachten, Notizen zu machen und vielleicht eines Tages, die Welt mit einer weiteren Geschichte zu „erfreuen".

Ich bin jetzt über einundsechzig Jahre alt und erlebe gerade die Corona-Pandemie. Ich muss zu Hause bleiben und darf meine Mitmenschen nicht an mich heranlassen. Ich gelte als gefährdet und muss besonders aufpassen, weil meine Lunge und meine Milz kaputt sind. Ich muss einen Mundnasenschutz tragen und Sport ist nur zu Hause erlaubt. Ist das nicht total schwer, sich daran zu halten? Mir fällt es jedenfalls sehr schwer. Wenn ich meine Kinder und Enkelkinder sehe, darf ich sie nicht in meine Arme nehmen und muss Abstand halten, was für eine grausame Krankheit. Alte und vorbelastete Menschen, die besonders gefährdet sind, und Zuwendung am meisten brauchen, müssen vor ihren Angehörigen und Freunden geschützt werden. Hoffentlich ist dieser Alptraum bald vorbei.

Was habe ich zu Papier gebracht? Eine zum großen Teil wahre Geschichte. Ich habe zwar weitergeforscht, habe aber über meine ersten Lebensjahre keine neuen Informationen gefunden. Wer meine Zeilen gelesen hat, der hat sich bestimmt seine Meinung gebildet und sich so seine Gedanken gemacht. Meine Mittel in Bezug auf das Schreiben sind begrenzt und es wird kein Meisterwerk. Ich bewundere Schriftsteller und ihre Fantasie. Ich sehe diesen Berufsstand jetzt mit ganz anderen Augen. Die Idee zu meinem kleinen Buch entstand während meiner Therapie. Ich sollte durch das Aufschreiben meiner Erlebnisse lernen, damit umzugehen und sie zu verarbeiten. Ich hatte eine Ärztin, die zu meiner Mutter wurde, und mir die Angst, die Scham und die Zweifel genommen hat. Aus meiner Mutter wurde dann mein Engel und der ist bis heute in meinem Leben sehr wichtig. Ich hoffe, dass meine Geschichte einigen Menschen Mut macht und sie merken, dass niemand alleine ist. Mein göttlicher Vater hat mich durch seine Liebe zu einem besseren Menschen gemacht. Ich habe meinen Weg gefunden. Wir können nicht wissen, was er mit uns vorhat, und warum etwas geschieht. Doch Hass, Wut und Rache haben mich nirgendwohin gebracht und keines meiner Probleme gelöst. Durch

Menschen, denen ich am Herzen lag, im wahrsten Sinne des Wortes, wurde mir eine Tür aufgeschlossen. Hinter dieser Tür wartete Jesus auf mich und hat mir all meine Bosheit und Schuld abgenommen. Ich bekenne mich zu Gott und seiner Liebe. Keine andere Tat in meinem Leben konnte mich unsterblich machen, nur dieses Bekenntnis vermochte das. Meiner Meinung nach ist nicht das Anhäufen von Wissen, Macht und Besitz das Wichtigste im Leben. Nur die Liebe meines Gottes und die Gemeinschaft mit seinen Kindern hat mein Leben gerettet. Vielleicht ein Grund, warum ich all die Wirren und Katastrophen überstanden habe, ist, dass ich diese Zeilen schreiben sollte. So kann ich Zeugnis ablegen von der Liebe meines Papas und seiner Sehnsucht nach uns, seinen Kindern.

Kleiner Tipp zum Schluss: Es ist immer gut, wenn du ein Schweizer Armeemesser in der Tasche und Gott im Herzen hast, so kommst du gut durch den Tag und bist auf alles vorbereitet.